人生を
思いっきり
楽しむ力を
つけるために

特別支援
学校＆学級
で学ぶ！

余暇支援・意思決定支援×ライフキャリア教育

渡邉 昭宏 著

JN032718

明治図書

はじめに

　最近，巷でよく聞かれるようになった「余暇支援」と「意思決定支援」。でも一風無関係に見える，この二つの取り合わせの本書を手に取ってくださったあなたは，多分，卒業までに「働く力」を存分につけて，進路先を決められるようにすることが，キャリア教育の到達点だとは思ってはいないでしょう。そして，キャリア教育における最も大切な課題が，「余暇支援」や「意思決定支援」だということに，すでに気づいておられるのではないでしょうか。

　最近，「余暇支援」や「意思決定支援」に関するテーマを，校内研究や研究授業で取り組む特別支援学校が出てきました。キャリア教育や，新学習指導要領に関する研究が一段落してきて，次の研究対象として，これまであまり取り上げられてこなかったというより，何となく先送りにしてきた難しいテーマに挑み始めたということでしょうか。しかし残念なことに，「余暇支援」の研究対象は知的障害の高等部それも就労レベルの生徒，「意思決定支援」の研究対象は肢体不自由それも重度重複そして重心の児童生徒，といった取り上げられ方になっています。

　よくよく考えてみれば，重度重複そして重心の児童生徒にとっても「余暇支援」はとても重要なことですし，就労レベルの生徒にとっても「意思決定支援」は長い人生の中で必要不可欠なものだとわかっているはずなのに，どうしてそういう取り上げられ方になってしまうのでしょうか。それは「余暇支援」「意思決定支援」という言葉のイメージ，常識といったものに，私たちはついつい囚われてしまうからです。そこで本書は，そうした言葉の持つ

3

先入観，固定観念に疑問を持つことからスタートすることにします。そして，それらを新しい発想のもとで，一から組み立てていこうと思います。

　私が，「ライフキャリア教育」という言葉を創作して，キャリア教育に関する新たな考え方を提唱した時もそうでした。2010年頃は，キャリア教育で「将来」といえば，「卒業したら」「大人になったら」「社会人になったら」「10年後」と捉えるのが当たり前で，誰もそれに異を唱える人はいませんでした。しかし私は，予後が思わしくない児童，余命がわかっている生徒と向き合った時，この児童生徒たちにはキャリア教育は意味がないと考えるのではなく，「1分1秒後だって将来」「明日役立つことを今日するのがキャリア教育」だと発想を転換しました。するとやるべき課題はいくらでも思いつきました。確かに当時は，重度重複や重心の児童生徒には別の形の教育をすればいいと考える人や学校がなかったわけではありません。しかしそれでは「キャリア教育はしなくてもよい」と除外・排除することになります。そうではなく，キャリア教育そのものの間口をバリアフリーにすることで，みんなが関われるキャリア教育にしようと思いました。つまりキャリア教育という概念を広げて，ユニバーサルデザイン化して「みんなの」ものにしたかったのです。それが「ライフキャリア教育」の始まりです。

　ところが，「働く力」だけではなく，「暮らす力」「楽しむ力」の育成が大切というライフキャリア教育は，重度の児童生徒向けと思われ，特に高等特別支援学校や，作業学習の盛んな学校，就職率の向上ばかりをめざす都道府県からは冷ややかな目で見られてきました。

　私は，10年間進路担当をした経験から，就労するために必要な力と，就労を長く継続していくために必要な力は別物であることに，1990年代から気づいていました。確かに，職業訓練（作業学習）等で働く力をつけておけば就職活動（現場実習）には有利ですが，一旦就職してしまえば，働けることは

当たり前のことになってしまいます。これは何も特別支援学校の生徒だけではなく，一般の高校生，大学生にもいえることです。

　3か月，1年，3年と就労を継続していかれるか否かは，職場の人間関係にどれだけなじめるか，本人を支える周辺環境の変化にどれだけついていかれるか，「働く」というモチベーションをどれだけ維持し続けられるか，といったワークキャリア（働く力）では対処できない別の能力，つまりライフキャリア（生きる力）が関与しています。バブルの時代も，就職氷河期の時代も，アベノミクスの時代も，大学卒業者の就職後3年以内離職率は3割と，ほとんど変わっていません。ワークキャリア教育では，就職率がアップしても，定着率は伸びないことは，皆さんご存じのとおりです。

　つまり，生涯にわたって心豊かな人生を送っていくためには，働く力だけではなく，暮らす力，楽しむ力といった生きる力（ライフキャリア）を，学校時代にバランスよく育んでいくことが必要です。特に「楽しむ力」は生きる活力や，働く意欲につながります。人は人生を楽しむために働いているようなもので，これなくしては，職業生活は維持できないのです。就労が困難な重度重複の生徒にとっては，まさにそれは生活や人生の中心になるものです。

　また，ライフキャリア（生きる力）は，親亡き後や，避難所生活など有事の際に，慣れ親しんだ地域で生活していくのに欠かせないものであり，それをできるだけ早い段階から育てていく必要があります。具体的には，「選ぶ力」「待つ力」「折り合いをつける力」「親や担任以外からの支援を受け入れる力」「SOSが出せる力」といった意思決定に関する力です。これらは重度重複の児童生徒だけに必要なわけではなく，就労が可能な児童生徒にとっても，社会や職場でうまくやっていくための処世術として，重要なことばかりです。

一般の高校生，大学生ならば，「楽しみ」は，社会に出てからいくらでも見つけたり，それに出会えるすべを知っています。また困難や逆境に遭遇しても，自分自身で意思決定をして，自分で何とか解決したりしていかれます。もし，自分の力だけではどうしようもできない時でも，どこの誰に何を相談すればいいか見つけ出す糸口を，自分自身の判断でつかむことができます。さらに，それらに遭遇しないように事前に回避したり予防線を張ったりすることができます。ここが，知的障害者と決定的に異なる点です。発達障害者の場合も対処の仕方が適切とは言い切れませんし，身体障害者の場合は，情報等への物理的アクセスや，表現が伝わりにくいことなどによる心のバリアで苦しい思いをします。

　人生において「働く・はたらく・日中活動をする・社会参加をする」ことはとても大切なことです。でもそれだけでは心豊かな人生を送ることはできません。梁塵秘抄の中に「遊びをせんとや生まれけむ」という有名な言葉があります。2019年に開催された今は亡き樹木希林さんのライフスタイルを偲ぶ展覧会のタイトルにも使われました。これを文法どおり「人は遊ぶために生まれてきたのだろうか」とネガティブに解釈する人は，仕事中に過労で倒れるか，「終わった人」になるでしょう。反対に「そうさ，人は遊ぶために生まれてきたんだよ」とポジティブに解釈できる人は，きっと在職中も退職後も素敵な人生が送れると思います。他人と比較することなく，この世に生まれ，生きてきたこと自体を楽しむ，それが心豊かな人生といえるのではないでしょうか。

　そのためにも，幼い頃から「楽しむ」ということをたくさん経験することが大切です。さらに「選ぶ」「待つ」「折り合いをつける」「支援を受け入れる」「SOSを出す」といった意思決定に関する力がついていれば，より人生そのものを楽しめます。そういう意味で，「余暇支援」と「意思決定支援」という一見無関係に見えた組み合わせが，「長い人生を思いっきり楽しむた

めに必要不可欠な支援」としてつながってきます。そしてそれが，特別支援教育の大きな柱だということも見えてくるはずです。

　しかし，誤解があるといけないので，あえて記します。私は，決して仕事より遊びが大切だとか，遊んで暮らせなどと言っているわけではありません。「よく学び，よく遊べ（All work and no play makes Jack a dull boy. 勉強ばかりさせて遊ばせないと子どもはだめになる）」ということわざどおり，ワーク・ライフ・バランスが大切なのです。病気になって初めて健康のありがたみがわかるように，仕事（その人なりの他人や社会に対して果たす役割）あってこその「楽しみ」だと思います。退職後，毎日が日曜日になると，あんなに楽しみだった3連休が，ちっとも待ち遠しくなくなります。人はメリハリがあったり，ハレとケの中で生きてこそ，生きる喜びや幸せを見出せるのではないでしょうか。

　ということで，私のライフキャリア教育シリーズの第6話の前置きはこのくらいにしましょう。今回は，私が諸先輩方の冷笑や批判を浴びながらも，ブレずに提唱し続けてきたライフキャリア教育が，真にめざしたものは何だったのか，それを明らかにする全4幕です。最後までご観覧いただけることを願って，まもなく開幕のベルを鳴らすことといたします。

　時代は，ワーク・ライフ・バランスから，コロナ禍の影響もあって，一挙に「ワーケーション」という新概念が出てくるほど，楽しむことに光が当たり出してきています。そうした中で，本書が先生方の日々のご指導の一助になることを願っています。

渡邉　昭宏

もくじ

第1章 ┃ 余暇と自由時間の違い
◉ 令和の時代の勤労観・職業観 ◉

第2章 ┃ 楽しさをどう教えるか
◉ 遊びの指導から余暇支援へ ◉

余暇と自由時間の違い

● 令和の時代の勤労観・職業観 ●

1 フリータイムという考え方
> 余った時間と予め確保された時間

　日本人は勤勉だといわれます。そのためでしょうか,「暇」という言葉は,日常的にはあまり良い意味では使われていません。

・暇になる	・暇を持て余す	・暇を盗んで	・暇人
・暇つぶし	・寸暇を惜しんで	・暇に飽かして	・暇をやる
・暇を出す	・そんな暇はない	・貧乏暇なし	・暇だなぁ

　さらにこれに「余」が付いたらそれこそ,余りもの,残りもの,余計なものといったイメージが加わりそうです。それが「余暇」という言葉です。似たようなものに,おなじみの徒然草の「徒然(することもなく退屈な時間,手持ちぶさた)」という言葉があります。

　ところが,同じ「暇」のことを,古代ギリシャ語ではスコレー(scholē)といいます。ご存じの方も多いと思いますが,school(学校)の語源です。単に手の空いた時間といったネガティブな捉え方ではなく,個人が主体的に使える自由な時間というニュアンスでポジティブに解釈しています。古代ギリシャの恵まれた人々は,そうした時間を思索や議論,芸術やスポーツなどに費やしました。それが学校の始まりです。

　哀しいかな,日本人の中には,「余暇」をもったいないとか,無駄と考える人がいます。そんな暇があったら仕事に精を出せということでしょう。そんな人には「勤労は美徳」の真逆が「余暇」なのかもしれません。

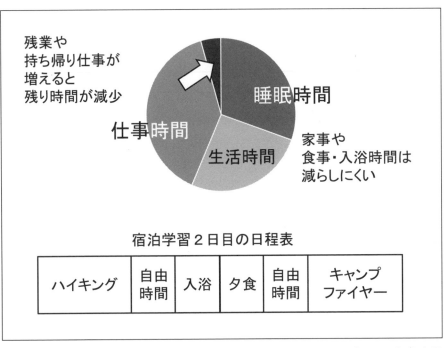

残業や
持ち帰り仕事が
増えると
残り時間が減少

睡眠時間

仕事時間

生活時間

家事や
食事・入浴時間は
減らしにくい

宿泊学習2日目の日程表

ハイキング	自由時間	入浴	夕食	自由時間	キャンプファイヤー

　つまり「余暇」という考え方であると，上の円グラフのように，仕事時間が延長されてくると，1日＝24時間，1週間＝7日というのは変わりないので，矢印のように「残り時間」に影響が及んできて，その時間がどんどん減っていきます。でも元々，予定されていた時間ではなく，残れば「御の字」程度に考えていた時間なので，たとえなくなっても仕方ないと思うだけです。

　ところが，下側の宿泊学習日程表のように，残ったり余ったりといった時間ではなく，最初から「自由時間」として用意されていると話は違います。ハイキングもキャンプファイヤーも楽しいものですが，宿泊学習ですから，拘束される授業のようなものです。自由時間はそれこそ束縛されない楽しい時間なので，日程の都合でこれがなくなってしまうと，児童生徒にとって宿泊学習そのものの思い出が半減してしまうでしょう。

今は「余暇」を時間という側面から見てきましたが，お金の側面から見ても同じようなことがいえます。「家計」がそれにあたります。つまり1か月経ってお金が残ったら旅行貯金をしようというのではまず貯まりません。そうではなく，はじめから旅行積立として一定額差し引いて，その残りでやりくりしようとすれば，旅行が現実のものとして近づいてきます。

　こう考えてくると，「余暇」と「自由時間」の違いは，計画性，キャリア教育の用語でいえば，将来設計能力，キャリアプランニング能力と大いに関係がありそうです。予め「楽しみ」を用意しておいて，それの実現に向けて，それを励みにして，今を頑張るのです。5月の連休明けに仕事に「行きたくないなぁ」と感じた時，「そうだ，6月まで頑張ればボーナスがもらえる。ボーナスが出たら，雑誌に載っていたかっこいい靴買いたいな」と思えれば，

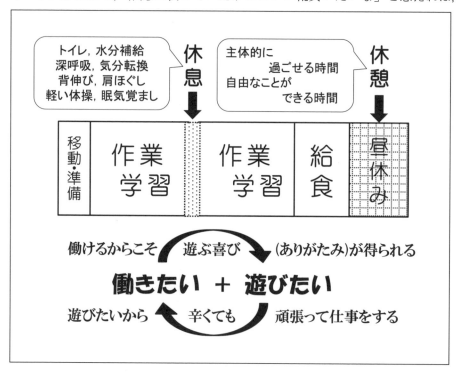

ちょっと気を取り直して会社に足が向きます。これこそ働く意欲，モチベーションの維持，つまり「働き続ける力」になるわけです。

　下の表は，ある放課後等デイサービスに貼ってある日課表です。時間が余ったらではなく，最初から好きなことをして遊んでいい時間を，他の時間と同等の扱いで保障しています。

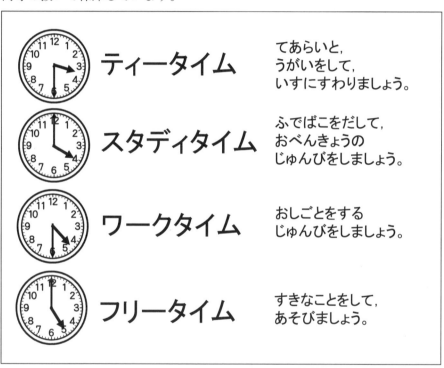

てあらいと，
うがいをして，
いすにすわりましょう。

ふでばこをだして，
おべんきょうの
じゅんびをしましょう。

おしごとをする
じゅんびをしましょう。

すきなことをして，
あそびましょう。

　次に，定期的な休日のことを考えてみましょう。週1回の安息日があるキリスト教やイスラム教圏と違い，明治時代以前の日本では，週休という考えはなく，商家や職人の多くが毎月1日や15日など月2〜3日の定休日だったといわれています。そして奉公人に対しては「藪入り」といって盆，暮れ，正月に「特別休暇」が出されるのが一般的でした。その他5節句や祭礼の日などを，今でいう「祝日」にしていました。

日本において，国家公務員の完全週休２日制が実施されたのは1992年５月１日です。つまりそれまでは「半ドン」といって，土曜日も午前中働くのは当たり前で，それが明治時代から戦後までずっと続いてきた日本人の働き方でした。その後，学校においても，子どもたちの生活全体を見直し，ゆとりのある生活の中で，子どもたちが個性を生かしながら豊かな自己実現を図ることができるよう，1992年９月から月１回，1995年４月からは月２回，そして2002年度から完全学校週５日制が施行されました。

　この当時のキーワードが「ゆとり」です。「自由で好きに使える時間・余裕（アドバンテージ）」といった意味合いになります。当時の中教審や文部科学省は，子どもたちに「ゆとり」を確保する中で，学校・家庭・地域社会が相互に連携しつつ，子どもたちに生活体験，社会体験や自然体験など様々な活動を経験させ，自ら学び自ら考える力や豊かな人間性などの「生きる力」を育むことを，完全学校週５日制の意義として強調しました。つまり，一方的に児童生徒に「休み」を与えるのではなく，休みを主体的にうまく活用させることによって「生きる力」がつくことを期待したわけです。しかし教育力低下を危ぶんだ保護者は，その休みを塾通いの時間に充てました。そしてその後の２回の学習指導要領改訂で，土曜登校が復活してきました。さらに新型コロナウイルス感染症の影響もあって，夏休み，冬休みが削減され，かつての詰め込み教育的な時代の様相に戻りつつあります。

　企業で初めて週休２日制を導入したのは，アメリカのフォード社で，1926年のことです。創業者ヘンリー・フォードには，熟練労働者の勤労意欲維持と作業効率向上のためには「十分な休暇」が必要との経営理念がありました。これによって weekend（週末）という言葉が広がりました。戦後，週休２日なのに労働生産性が高いアメリカの企業を目の当たりにした松下幸之助は，海外企業との競争に勝つには，時間を惜しんで従業員を働かせるより，むしろ従業員に十分な休養をとらせて能率を上げることだと考えました。こうし

て1965年松下電器産業（現在のパナソニック）で導入されたのが日本初の週休2日制です。しかし日本の多くの企業が取り入れたのは，週労働時間が48時間以内から40時間以内になった1987年の労働基準法改正以降のことで，いくら高度経済成長時代だったとはいえ，勤勉な日本人にとっては，なじむのにとても長い時間がかかる考え方だったのでしょう。

　日本人は確かに真面目で勤勉で，時間に対しても厳格です。しかし時間の使い方となると，諸外国の人々に比べ，とても上手だとはいえないでしょう。だから単に休日が増えたからといって，それをどう有効に使えばいいのか自分では決められないまま，現在に至っているのかもしれません。先程の松下幸之助が，1965年つまり東京オリンピックの翌年に，週休2日を提唱した時，それに猛反対したのが労働組合でした。これに対して松下幸之助は，「1日休養，1日教養」という言葉で労働組合を説得しました。つまり空いた自由な時間の使い方として，「教養がなければよい仕事はできない」ということを力説したのです。そうやって得られた各従業員の教養の蓄積が，その後この会社の繁栄に影響したのではないでしょうか。

　「教養」というのは，資格や免許を取得しろ，仕事に直接役立つ勉強をしろ，ということではありません。家事に精を出したり，文学書を読みふけったり，各地を旅行したり，コレクションをしたり，庭いじりや野菜づくりをしたり，ウインドーショッピングをしたり，スポーツで汗をかいたり，様々なことをする中で得られるものが「教養」なのです。仕事と直接関係ないと思われるものの方が，かえって新たな発想を生み，経済や文化の発展につながる原動力になっていくのだと思います。

　続いて，週休や祝日ではない「休み」，すなわち労働基準法第39条に定められている「年次有給休暇」の話をしましょう。相次ぐ過労死，過労自殺の現状を受けて，2019年4月より，いわゆる「働き方改革法」が施行されまし

た。「働く方々がそれぞれの事情に応じた多様な働き方を選択できる社会を実現するために」というスローガンのこの改革で，これまでの日本の労働慣行が大きく変わりました。厚生労働省の就労条件総合調査での年次有給休暇の取得率は，2019年にようやく56.3％（取得日数としては10.1日）になりましたが，韓国の93％，インドの75％にもまだまだ届きません。

消極的		積極的
余った時間 暇な時間 **surplus time** **余 暇** 仕事が暇な時に取るもの 急用で仕方なく取るもの （他の人に迷惑がかかる） 最低限の取得	勤労観・職業観の大転換 有給休暇を取る後ろめたさ 有給休暇を取らない後ろめたさ	好きなことがやれる時間 強制や束縛されない時間 **free time** **spare time** **自由時間** あえて時間を割いて作るもの 計画的に取るもの （お互い様, リフレッシュ） 最大限の取得
授業参観 エアコン 取付け ／ 届出や ローンの 手続き	働き方改革	野球観戦 観劇 ／ 美術展 物産展

この図を見ていただければ，よくわかると思いますが，謙虚で他人思いの日本人は，自分の都合（思い）より，同僚や会社への迷惑や影響をついつい考えてしまうため，思い切った行動ができません。自分勝手とか，わがままなどと思われるのではないかと真っ先に心配してしまうのです。だから同僚や会社に対して堂々と言える理由，大義名分がある時以外は，後ろめたい気分で有給を申し出るのです。それでも同僚や会社の側には「この忙しい時に休みを取るなんて」「あなたが休むとみんなにしわ寄せがいくのよ」「いいご

身分ね」といった雰囲気がまだまだあります。この空気を先読みしすぎてしまうと，ついつい引き下がってしまいます。組織人である以上，誰にも迷惑をかけない「暇」なんてあるはずがなく，それはお互い様なのです。まずは企業側，そして「モーレツ社員」側に，同僚が休みやすい雰囲気づくりをする義務でも課さないと，いくら有給休暇取得促進を訴えても，現実的ではないといえるでしょう。

　確かに使用者側には，休暇時期の変更権が認められていますが，これは，取得申請を却下するのではなく，違う日に変更できないだろうかと頼むだけです。それもこの変更権の行使は，判例によれば，年度末の業務繁忙期に大量の取得申請が集中した場合などに限られています。

　2016年9月の「働き方改革実現推進室」設置の際に，当時の安倍首相は，「モーレツ社員という考え方自体が否定される日本にしたい」とコメントしました。それまでは「身を粉にして働け」「休日返上」「深夜まで残業をする人が評価され出世する」といった，長時間労働を美化したり自慢できたりするのが企業文化でした。それが近年，『結果を出して定時に帰る時間術』『わたし，定時で帰ります。』といった書籍やドラマがヒットし，だらだらと残業すればいいってもんじゃないわよという新しい労働価値観が，これまでの日本の労働社会の常識を揺さぶりだしたのです。このように社会が変わっていくと，近いうちに「有給休暇を残すことの後ろめたさ」という，今までと正反対の心理が働くようになることでしょう。

　完全学校週5日制施行を目の前にした1999年に，中教審は，望ましい職業観・勤労観及び職業に関する知識や技術を身に付けさせるのがキャリア教育であると答申しました。その当時の「望ましい職業観・勤労観」とは，もちろん「精を出して力の限り働く」「脇目を振らず黙々と会社や国家のために頑張る」といった，それこそ明治政府の殖産興業政策から戦後の高度経済成

長時代に至るまで延々と続いてきた日本国民の勤労の精神論でした。しかし，令和の時代になり，価値観が180度ひっくり返ってしまったといってもよいと思います。ならば，「休み」は完全に取得して，しっかり休まないといけないという，新しい勤労観・職業観を教え，そうした人間に育てるのが，令和の時代のキャリア教育だといえないでしょうか。

もう一つ，新型コロナウイルス感染症の影響もあって，すっかり影をひそめてしまった政策に「プレミアムフライデー」があります。2017年2月，長時間労働の是正を目的に，月末の金曜日の15時以降，早帰りをするように呼びかけました。夕方の早い時間帯から買い物や外食や旅行などをしてもらうことで，個人消費を拡大させようという目論見でした。しかし，その後2019年1月までの実施率は大企業でも15％，中小・零細企業にあってはわずか9.1％でした。なぜなら，企業にとっては月末の金曜日は最も多忙なはずで，給料日直後の金曜日という理由付けはいかにもお役所的発想です。「休み」は，上から押し付けられるものではなく，その人が好きな時に好きなように取得できないと意味がありません。時間が余ったから，月末だからという「余暇」ではなく，予め個々がそれぞれ楽しみを設定できる「自由時間」つまりフリータイムという考え方があってこそ，人生は楽しいものになり，明日また頑張って働く力になります。まさに「自分の時間」なのです。

余暇の達人といわれるような人は，余暇の予定を仕事の予定並みに入れていきます。暇になったらコンサートに行きたいなではなく，チケット発売日にまず購入して，その日は仕事を休むと先に決めてしまいます。そしてそれを早めに上司や同僚に伝えて「根回し」をしておきます。さらに上司や同僚にもそうした休みの取り方を勧めて，「その時は自分が頑張るから安心して休んでください」と他人への配慮も忘れません。休みを取りやすい雰囲気の職場というのは，こうした余暇の達人の存在が大きく影響すると思います。

では，実際に日本人は「余暇」にどのようなことをしているのでしょうか。次の表は，余暇に関する国民意識調査の結果です。具体的な項目を眺めると，それこそ「暇つぶし」的なものから「暇があったら仕事」的なものまで様々です。2007年の別の調査ではテレビが50％以上を占めていたので，余暇の使い方が多様化してきたことだけは事実です。松下幸之助が提唱した「1日休養，1日教養」の形がようやく定着してきたといえます。

日本人の余暇の過ごし方	
自宅で休養する（ゆっくりする，寝る）・・・・・・・・・	51.2%
ショッピング，映画鑑賞などに出かける・・・・・・・・	39.5%
日帰り国内旅行に出かける・・・・・・・・・・・・・・	34.1%
家族団らん，家族サービスをする・・・・・・・・・・・	33.3%
宿泊を伴う国内旅行に出かける・・・・・・・・・・・・	33.1%
TV，DVD，CD などを視聴・鑑賞する ・・・・・・・・	33.1%
食事やお酒を飲みに出かける・・・・・・・・・・・・・	31.7%
インターネット・ソーシャルメディアを利用する・・・・・・	30.6%
読書，家庭菜園，模型づくりなど自宅で趣味活動をする・・・・・・	28.9%
ドライブ・ツーリングに出かける・・・・・・・・・・・	18.3%
スポーツ観戦やライブ鑑賞などに出かける・・・・・・・	14.7%
ランニング・ジムなどスポーツを楽しむ・・・・・・・・	12.0%
海外旅行に出かける・・・・・・・・・・・・・・・・・	10.5%
キャンプ，釣り，山登りなどアウトドアを楽しむ・・・・・・・	9.1%
自己啓発・資格取得・学び直しのために勉強する・・・・・	7.8%
パチンコ・競馬などの娯楽活動に出かける・・・・・・・	7.6%
ボランティアや地域活動などの社会貢献活動をする・・・・・	4.7%
特になし・・・・・・・・・・・・・・・・・・・・・・	4.1%
本業とは別の仕事（副業）をする・・・・・・・・・・・	2.5%
休日も仕事（本業）をする・・・・・・・・・・・・・・	1.3%

国土交通白書2018 p.58をもとに作成（n＝4944人　複数回答）

「資本論」の中でカール・マルクスは，賃金は労働力の再生産費であるとしました。すなわち1日へとへとになるまで頑張った見返りとしての賃金は，明日また働くため（労働力の再生産）に必要となるコストだとしました。具体的には，明日また働くには，食事をするだけではなく，お風呂に入って，寝て，疲労を回復しなければなりません。さらに家族を養う費用，子どもを学校にやる費用，そしてたまには，息抜きのための費用など，いろいろな経費がかかります。それらを賃金という形で支給されるから，労働者はまた明日も働こうとするわけです。つまり，労働力の再生産費（賃金）とは，労働者が人間的にそして文化的に生きていくために必要な経費（コスト）ということになります。

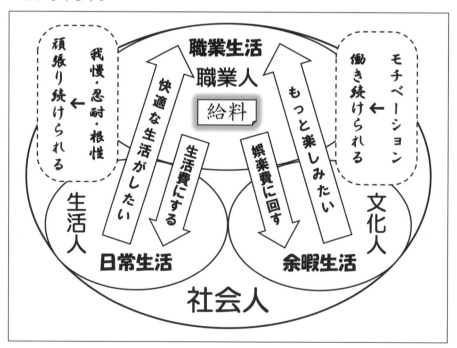

もちろん，仕事を頑張って，今以上の賃金を得れば，生活費や娯楽費に回せるお金が増えます。反対に，生活できるだけの賃金をもらえていなければ，残業だけでなく，副業やダブルワーク，内職までして，必死に働いている人も少なくありません。生活できるだけの賃金をくれる会社への転職だって考える人もいるでしょう。それが賃金と生活との関係です。つまり児童生徒たちは，「働いてお給料をもらったら，それで生活するんですよ」と，先の図の下向きの矢印だけを教わって，特別支援学校高等部を卒業していきます。でも，そのような教育で卒業生たちはずっと働き続けられるでしょうか。

　確かに初任給はそれでいいでしょう。しかしそのうち少しずつ昇給をしたりボーナスや一時金が出たりするとなると，ちょっと考え方が違ってきます。もしその頃，仕事がしんどいな，会社に何となく行きたくないなと悩みを抱えていたとしましょう。そんな時に，先の図の上向きの矢印のように，ボーナスがもらえたら，もう少し広いワンルームマンションに住み替えたいな，温泉にでも行って気晴らししてきたいななどと，考えることができたら，辛くなりかけた仕事を，もうちょっとだけ頑張れるかもしれません。つまり働き続けるモチベーションとして機能するわけです。このベクトルをしっかり学校時代に教えてあげることで，働き続けられる人にすることができるのです。

　今から20年近く前の進路指導では，卒業生が「仕事がきつくて，もう辞めたい」などと言おうものなら，「誰だってはじめのうちは辛いんだ」「石の上にも3年」などと，我慢や忍耐や根性といった精神論を語って思いとどまらせました。長時間労働や終身雇用制が当たり前の当時なら，「働く」ことだけを最優先に考えればよかったのですが，今はワーク・ライフ・バランスの時代なので，「暮らす」「楽しむ」との関係性の中で「働く」ということを考えないとなりません。そのことをしっかり教えて社会に送り出さないと，卒業生たちは苦しい思いをするだけだと思います。

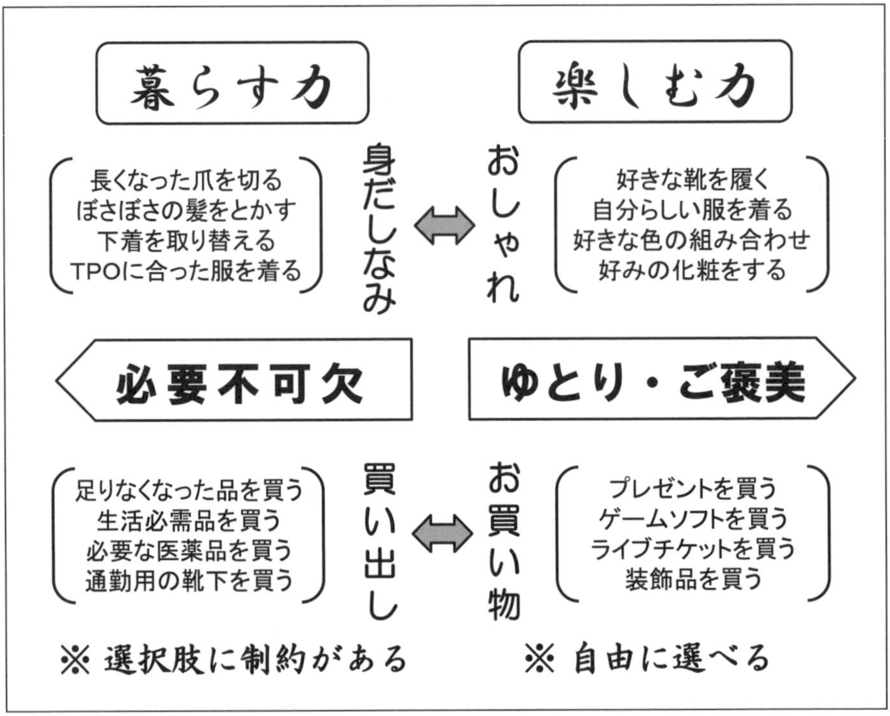

暮らす力 / 楽しむ力

暮らす力

身だしなみ

- 長くなった爪を切る
- ぼさぼさの髪をとかす
- 下着を取り替える
- TPOに合った服を着る

⟷

楽しむ力

おしゃれ

- 好きな靴を履く
- 自分らしい服を着る
- 好きな色の組み合わせ
- 好みの化粧をする

＜ 必要不可欠 ＞　＜ ゆとり・ご褒美 ＞

買い出し

- 足りなくなった品を買う
- 生活必需品を買う
- 必要な医薬品を買う
- 通勤用の靴下を買う

⟷

お買い物

- プレゼントを買う
- ゲームソフトを買う
- ライブチケットを買う
- 装飾品を買う

※ 選択肢に制約がある　　※ 自由に選べる

　上の図を見てください。仕事以外の時間を何に充てるかと考えた時，同じ「着る」「買う」行為であっても，その選択の自由度によって，「暮らす」と「楽しむ」に明確に分かれます。前者をあえて「身だしなみ」「買い出し」とすれば，生活に密着した，つまり生活を維持していくために必要な行動として捉えられます。この行為そのものは，ある程度パターン化されており，「社会常識」という大きな縛りがあり，「仕方ないな」という気持ちが伴います。

　一方，後者をあえて「おしゃれ」「お買い物（ショッピング）」とすれば，好きなものが着れる，買えるという，とてもうきうきした気分になります。楽しむとはまさにこの行動を指し，この力がどれだけあるか，卒業までにどれだけつけたかによって，就職１年目がうまくいくかどうかが決まるといっても過言ではありません。

「可処分所得」とは，給料総額から，天引きされる所得税や社会保険料，などを差し引いた「手取り収入」，つまり自由に使い道を裁量してよい収入を指しますが，これと同じように，「可処分時間」というものを考えてみましょう。働く時間というものは，収入を得るために拘束されるため，自分の自由にはなりません。1日＝24時間からこれを差し引いたものが「可処分時間」つまり使い方を自分で決められる時間ということになります。その中には睡眠時間や食事などの生活時間といった必要不可欠な時間も含めます。なぜなら仕事が忙しければ，睡眠時間，調理時間，入浴時間を削ってまでも何とかしようと，自分の裁量で決められるからです。

　経済協力開発機構（OECD）の2019年の統計によれば，日本の「可処分時間」は，1日当たり14.1時間です。つまり残り9.9時間を仕事に充てていることになります。法定労働時間が週35時間のフランスや，イタリア，オランダといった国々では，「可処分時間」が16時間以上にもなります。欧米ではまとまった休みを取って旅行を楽しむ，そしてそれを職場が当然のことと受け止めているのが，日本と決定的に異なる点です。英語圏にはない「お互い様」という便利な言葉がある日本の方が，有給休暇に関しては，その雰囲気が職場や同僚にないのが現状です。ですから，卒業生が「火曜日しか休めない友達と映画を見に行きたいので休みをください」などと有給休暇の取得を申し出た時に，皆さんが快く応じてくれる職場であるかどうかも，進路先を決める大きな要素として考えなければなりません。仕事上のことでは差別がなくても，もしこうした時に，実際に口に出すかどうかは別にして，「障害者のくせに生意気だ」などといった気持ちが湧いてくるような上司や同僚がいる職場では，どんなに障害者を多数雇用している企業であっても，決して障害者理解がある職場とはいえないのです。事実，卒業生に限らず，障害のある労働者の有給休暇取得率は，極めて低いのです。学校や支援機関はアフターフォローなどの機会に，必ず取得日数の確認をすべきです。

それでは，労働に勤しむ私たちは，休日を具体的にどう過ごしているのでしょうか。何気なく過ごしている「休日」も，それによって働き続けられていると考えれば，それを分析することで，児童生徒へのキャリア教育に活かすことができるのではないでしょうか。

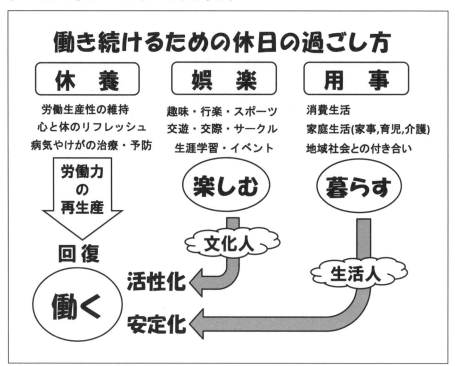

　上の図を見ていただけるとわかりますが，働き続けるためには，まず，たっぷり休養をとることです。睡眠だけでなくリラックスすることで心身の健康が保てます。もし疲労がかなり溜まっていたり，心身に故障が生じていたりしたら，その治療や回復に努めないとなりません。バランスのよい食事や，適度な運動はそれらに対する予防的効果があります。休日明けの出勤日に，また5日間頑張るぞといった気持ちと身体にリセットできるかが，働き続けられるかどうかの分かれ目になります。これが機能しない状態になると，療養するか，気楽な職場への配置換えや転職を考えた方がよくなります。

2つ目は，仕事で疲れて帰ってくる平日にはできない掃除，洗濯などの家事をまとめてやったり，休日でないとできない用事を済ませたりします。衣替え，模様替え，布団干しといったことをまとめてする時間にも使えます。仕事帰りには行かれない店へ買い物に行くこともあるでしょう。このように，一人の生活人としてちゃんと暮らしているかということも，働き続けるための大事な要素で，それによって職業生活が安定化していくのです。また，親と同居とか，グループホームで共同生活とか，一人でアパート生活など，生活基盤は異なっても，それぞれの地域社会でしっかり根を張って生きているか否かで周りの人の見る目が変わってきます。買い物，ゴミ捨て，回覧板などを通じて地域で顔が知られていると，「毎日仕事に行って偉いねぇ」「にこにこして，何かいいことあった？」「この頃元気ないねぇ」などと気にかけてもらえます。それが励みになって働き続けられるかもしれません。「おはようございます」と挨拶できる相手が地域に何人いるでしょうか。それがその人の地域での「暮らす力」を測るとても大切な指標になると思います。

　3つ目は，日頃溜まったストレスを発散させる「娯楽」です。気晴らしに何かをする，息抜きとしてどこかへ行くなど，単にごろごろとのんびりするのではなく，面白いこと，楽しいことを積極的にやることで，心身のリラクゼーションを図ります。ただ，いくら楽しいからといっても，遊びすぎて，逆にそれが新たな疲れを呼び込んでは本末転倒です。特に体力を消耗する山登り，サイクリング，マリンスポーツや，深夜遅くまでするゲームなどは，心身の疲れを残して，翌日からの仕事に影響が及ぶ心配があります。週休2日制なら，土曜日をレジャーに充て，日曜日はしっかり休養をとるというのが定石です。こうしたことを，知的障害や発達障害を伴う児童生徒たちには，しっかりと教えておかないと，「楽しむ」ことがメインになって，「働く」ことがおろそかになり，職場に居にくくなる状況に追い込まれがちです。適時，適量，適切な「楽しみ方」をしっかり身に付けて卒業させることが，「働き続ける力」をつけることになるのです。

「働き方改革」はとどのつまり「休日過ごし方改革」だといえます。いくら長時間労働を是正したとしても，空いた時間をどう過ごしてよいのかわからないのでは，学校の週休2日制施行で塾通いが増えたのと同じく，副業に精を出すようになっては意味がありません。欧米人のように，バカンスを楽しめる，時間の使い方がうまいといった，余暇の活用能力が問われていると思います。これは，総労働時間，国民一人当たりの労働生産性，年次有給休暇の取得率といった，単なる見かけ上の統計で表せるものではなく，「余暇」の質的充実の問題なのです。

　特別支援学校高等部卒業生の中には，会社が休みだとどうしていいのか混乱する人が少なくありません。正直，暇を持て余しているという状態でしょう。それは学校生活が，ベルトコンベア式に次から次へと，教師が用意した授業プログラムをただこなしていくだけになっているため，空いた時間や自由時間に，何をしたいか主体的に考える習慣がついていないのが原因だといえます。アクティブラーニングのいう「主体的・対話的で深い学び」というのは，特別支援学校の場合，まさに「余暇活用」の分野で実践されるべきではないでしょうか。

　ただし，昨今の新型コロナウイルス感染症対策で，特に3密（密閉，密集，密接）を伴う余暇については，抜本的に問い直されています。2020年3月から6月頃まで全国ほとんどの特別支援学校が休校になりました。急に在宅となった障害児を見ることになったご家族や，放課後等デイサービスの苦労は大変でしたが，思いのほか障害児本人の混乱は少なかったと感じるのは私だけでしょうか。それは，障害児の普段からの余暇が，テレビやDVD，スマホのYouTubeやゲームなど，室内で楽しむものが中心だったことが不幸中の幸いだったといえます。もしカラオケ，ヨガ，スポーツジム，スイミング，ダンス，ライブ鑑賞，スポーツ観戦といった家庭外の余暇の過ごし方が主だったら，もっと大変な事態になっていたことでしょう。

緊急事態宣言が解除されてから，いわゆる「夜の街」におけるクラスターとされる感染拡大が続きました。「接待を伴う飲食」や「コンパ」「飲み会」という余暇を楽しむには，マスクをはじめ，ソーシャルディスタンス（社会的距離）の取り方などが必須です。それ以前に，そうしたことはまだやめておこう，もう少しの間そうしたところには近づかないでいよう，といった理性的判断ができるかできないかが大事で，これはまさに「意思決定」そのものです。そういう意味からすると，「意思決定支援」というのは，障害者や高齢者に限ったものではなく，欲望のままに行動してしまう意志の弱い健常者にも必要なものだといえます。

　「新しい生活様式」といわれるように，カラオケのやり方，映画の見方，スポーツ観戦の仕方など，これまで特別支援学校の校外学習などで経験させてきた余暇利用の学習も，再学習させる必要が出てきました。マスクの着用については，この先どのような感染症対策としても有効なので，重度重複の児童生徒であっても，自分の命を守るライフキャリア（生きる力）として確実に身に付けるようにしたいものです。マスク着用に合理的配慮が必要な児童生徒は医学的には15％ほどで，あとは単なるこだわりにすぎず，3年5年という時間をかければ徐々に慣れて着用できるようになります。またソーシャルディスタンスについても，人間関係やコミュニケーションをスムーズにとるために近づきすぎないということは，感染症対策に限ることのない大人としての大切なマナーです。急に接近してきたり，ベタベタしたがったりする児童生徒には「ソーシャルディスタンスを守ろうね」と言って注意していきましょう。大声で叫ぶ，唾を吐く，わざと咳をするなど，直ちに修正が困難な特異行動もありますが，これらは今のご時世においては，必要以上に警戒や敬遠されます。障害特性なのだから仕方がないとすぐに容認したり諦めたりするのではなく，これを機に支援者は可塑性のある学校時代に少しでも改善する工夫と努力をしてみましょう。社会から排除や隔離をされないようにするのは，重度障害当事者ではなく，それこそ支援者の役割だと思います。

　履歴書のフォーマットは異なっても，必ずあるのが「趣味・特技」を記入する欄です。「働く力」とは直接関係のない「楽しむ力」に関する項目がそもそもなぜあるのでしょうか。少し考えていきたいと思います。

```
履歴書                          資格・免許

  氏名                写真

  生年月日
  住所
                              ┌─────────────┐
                              │  趣味・特技  │
  学歴                         └─────────────┘

                              志願の動機

  職歴

                              本人希望記入欄
```

　まず，特技ですが，「得意な教科やスポーツ」などと書かれていることもあります。例えば書道やスポーツ大会で入賞したような経験があれば，それは立派な特技です。そうした外部機関による評価がなくても，友達がイラストを褒めてくれるとか，一輪車に乗れるといったことでも，「自慢」「自己アピール」ができるものなら，堂々と記入すればよいと思います。そしてそれが単なる表彰ではなく，段位等があるのであれば，それは上の「資格・免許」欄に書けます。「漢字検定5級」「清掃検定1級」「パソコン入力スピー

ド認定試験２級」といったようなものがそれに当てはまります。

　それでは「趣味」にはどういうものを書けばいいのでしょう。ピアノなど
は趣味としても特技としても書けますが，読書，映画鑑賞といった類いのも
のは趣味であって，特技にはなじみません。あとはいくら好きだったり得意
だったりしても，パチンコや競馬などのギャンブル系の趣味や，ＳＭや女装
といった性に関する趣味も，こうした欄に記入するものではありません。誤
解があるといけないのであえて記しますが，そうした趣味を否定したり差別
したりしているのではありません。余暇そして自由時間は，誰にも拘束され
ない個人の自由な時間ですから，他人に迷惑さえかけなければ，周りがとや
かく言うものではありません。ただ，なぜ，書くべきでない趣味かといえば，
それは「履歴書」の持つ意味合いと深く関係しているからです。

　言うまでもなく履歴書は，採用者が応募者のキャリアや内面を知るための
大事な資料です。それも誰かが調査したものではなく，自己申告したもので
す。学歴や職歴で，その人のこれまで辿ってきた人生がわかります。資格・
免許・特技からは，その人の適性（向き不向き）や能力がわかります。そし
て趣味からは，その人の好みや性格，お金の使い道の傾向を知ることができ，
さらに社交的なのか，一人でコツコツとやるのが好きなのかなど，人間関係
がうまくつくれる人かといった，それこそ雇う側が一番知りたい情報がそこ
に詰まっています。事実，この履歴書をもとに行われる面接で詳しく問われ
るのがこの項目です。だから，たとえギャンブル志向とか性的嗜好などが事
実であっても，それを自己申告することが，応募にあたってプラスに働くと
はとても思えません。

　こう考えてくると，一口に「趣味」といっても，次の図のように，人生に
潤いを与える「娯楽」といえる息抜きと，人生を狂わす「遊興・道楽」とい
えるのめり込みに，分かれそうです。適度な飲食・喫煙なら問題ありません

が，泥酔するような深酒やヘビースモーカーのレベルになると，依存症そして癌などの病気の原因になります。時間や資金に歯止めがかからないようなギャンブルも，借金などのトラブルの原因になります。さらに風俗店に入り浸りの状態になると，自堕落な生活になってきます。昔から「飲む，打つ，買う」といわれているのは，「楽しみもほどほどに」という警告です。アイドルのライブに出かけるのを楽しみにしている人も多いと思いますが，全国各地へ「追っかけ」というレベルになると，時間や資金の問題が生じてきます。このように衝動だけで行動してしまうと，いくらその時は楽しくても，後でツケが回ってきて，辛く苦しい思いをすることになりかねません。

息抜き	のめり込み・自堕落	
娯楽	**遊興・道楽**	
人生に潤いを与えるもの	人生を狂わすもの（酒・金・性）	
適度な飲酒	アルコール依存	病気
適度なギャンブル	ギャンブル依存	
適度な喫煙	薬物依存	借金
コンパ・デート	ゲーム依存	
コレクション	風俗店に入り浸る	刑罰
ライブ・観戦	収集癖	
	公序良俗に反するマニア	

特定のものをコレクションして楽しむ愛好家はかなりいます。その対象は千差万別ですが，例えば拳銃とか児童ポルノとか公序良俗に反するものであると，いくら個人の自由といっても警察沙汰になります。そうではなくても，

希少品（レア物）を欲しがって，ヤフーオークションなどで，とんでもない価格で落札してしまう例も少なくありません。また目的の品を手に入れるために，割の合わない交通費をかけてまで出かけてしまう人もいます。あくまでも個人の価値観なので，それを否定はしませんが，せっかく働いて得た給料を，もう少し賢く使えたら，もっと楽しみが増えるのではないでしょうか。

また1年間に，映画を200本観るとか，ラーメン店を100軒踏破するなどというノルマを課して楽しんでいる人がいます。目標を立てること自体は悪いことではありませんが，楽しいのは最初のうちだけで，そのうち目標達成のことしか頭になくなり，もがき苦しみながらやることになります。ルポライターや○○研究家であればそれが「仕事」なので当然ですが，趣味で「楽しむ」ために始めたことが，「苦しく」なくなった時，横ばい状態（プラトー）になったといえます。そうなったらまた別の楽しみを見つけた方がいいのではないでしょうか。

ストレス発散もかねてパチンコをする人がいます。新型コロナウイルス感染症で緊急事態宣言が出た時に，まだ営業しているパチンコ店を求めて，県外まで出かける人がかなりいました。どんな趣味でも個人の自由ですが，この本のもう一つのテーマである「意思決定」という部分が，趣味のもう一つの側面として関わってきます。つまり「思いとどまる」「我慢する」「場をわきまえる」「待つ」「譲る」といった生きる力が伴わないと，理性を失い，本能だけで行動する人になってしまいます。せっかく楽しい思いをしようとしても，横やりを入れられて，ちっとも楽しくないはずです。「人生を狂わせるもの」はすべて，そうした能力の欠如や未熟さに起因しているといえます。こうした生きる力を育てるのが，ライフキャリア教育です。

次に，どのようにして「楽しみ」を見つけていくかを，「歩く」ことを例にして考えていきましょう。街や公園をぶらぶら歩くのが楽しいという人が

います。特にあてもなくただ歩き回るのですが，歩くことそのものが楽しいのです。でもそのうち，三毛猫を目にして立ち止まります。あまりにかわいいのでスマホで写真を撮りたくなりました。ふと周りを見ると，犬を散歩させている女の人，ウォーキングをしている老夫婦，デートをしているカップルの姿に気づきました。

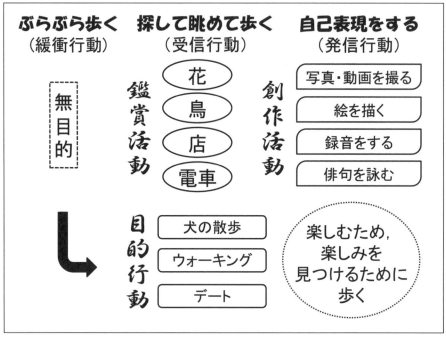

目的もなくただ歩いて楽しんでいる状態と，楽しみを見つけるために歩いたり，目的を持って歩いたりするのでは，意識レベルに違いがあります。前者を「緩衝行動」後者を「革生行動」といいます。革生行動の中でも，受け身になっている「受信行動」と，能動的に関わる「発信行動」では面白みが違ってきます。また，同じ犬の散歩でも，義務的なのと，犬の飼い主同士の出会いを楽しみに散歩させている人とでは足どりが違ってきます。

このことは，重度重複の児童生徒を車椅子で散歩に連れて行く時などに，

大事な考え方になります。つまり，車椅子を押されているだけでも，風圧や太陽の暖かさや眩しさを感じたり，心地よい揺れを楽しんだりしている児童生徒もいます。また，前を横切っていく野良猫やアゲハチョウを見て目で追ったり，犬の鳴き声がする方向を見たりする児童生徒もいます。膝の上に落ちてきた木の葉やどんぐりを一生懸命取ろうとする児童生徒もいます。このように認知発達や興味関心の違いにより，「楽しみ方」も違ってきます。どれが正しいとか，優れているというのではなく，楽しみは一人ひとり違っていいのです。

　私たちはついつい，みんなで遊ぶと「楽しい」と思い込んでいます。しかし，みんなでわいわい騒ぐより，一人で何かしている方が楽しいという人も少なくありません。一人を好む人にとっては，集団で何かをさせてもちっとも楽しくないのです。それは「孤独を好む」のであって「孤立している」のではありません。前者を solitude（一人の時間を楽しむ），後者を loneliness（一人だと不安で寂しい）と区別されます。芸能人など，常に多くの人に囲まれて仕事をしている人の中には，オフの時は，一人っきりで趣味を楽しんでいる人がいます。先の宿泊学習の自由時間も，常に誰かと仲よく遊んでいないといけないのではなく，団体生活の中のほっと息が抜ける貴重な時間なのですから，自由気ままに過ごさせてあげるのがいいのではないでしょうか。

　反対に，常に教師をつかまえては，次々とおしゃべりをしてくる児童生徒もいます。こちらも暇なら話し相手にもなれますが，次の準備などで忙しい時などに話しかけられると，それも前にも聞いたような話だと，ちょっと閉口してしまいます。でもその児童生徒にとっては，おしゃべりが趣味で，自由時間の最も有効な使い方なのです。電車やバスで隣の席に乗り合わせた見ず知らずの人にも，臆せずおしゃべりができる親和性が，その児童生徒の長所といえます。きっと高齢者デイサービスなどで高齢者の話し相手になれる素質があります。井戸端会議やスーパーの中での立ち話で本領を発揮して

いる人は，いつでもどこでも自由な時間を作れる達人なのかもしれません。先の「暮らす力」と「楽しむ力」の図で紹介した，身だしなみとおしゃれ，買い出しとお買い物のように，「暮らす力」と似たようなことをしていても，次の表の右側のように「楽しむ力」になるものが他にもたくさんあります。

ご飯とおかずを食べる	⇔	デザートとケーキを食べる
いつもの夕食を作る	⇔	ごちそうを作る
職場に持っていく弁当を作る	⇔	好きな人のためにお弁当を作る
服の取れたボタンを付け直す	⇔	好きな人にマフラーを編む
テレビでニュースを見る	⇔	好きなドラマを見る
新聞の三面記事を読む	⇔	スポーツ新聞や週刊誌を読む
使用説明書を読む	⇔	コミックやカタログを見る
家計簿をつける	⇔	ゲームのスコアをつける
日記や年賀状を書く	⇔	詩やラブレターを書く
部屋を片づける	⇔	部屋に花やポスターを飾る
散髪に行く	⇔	髪を染めたり，パーマをかける
玄関前の雑草を抜く	⇔	ベランダでミニトマトを育てる
カラーボックスを組み立てる	⇔	プラモデルを組み立てる
証明写真を撮る	⇔	プリクラで写真を撮る
毎朝ラジオ体操をする	⇔	ヨガや筋トレをする
ダイエットのために走る	⇔	市民マラソンに参加する
通勤電車に乗る	⇔	新型車両を見に行く
買ってきた肉を焼く	⇔	釣ってきた魚を焼く
鞄に名札を付ける	⇔	鞄にプリキュアを付ける
選挙の投票に行く	⇔	ファン投票をする
年金を申請する	⇔	懸賞に応募する
いつものボディソープを買う	⇔	新製品を試しに買う
押し入れからストーブを出す	⇔	クリスマスツリーを出して飾る

これらは，アパート等での一人生活において，一人で楽しめるものです。他にもペットを飼う，数独をする，カラオケで歌う，楽器を習う，スケートボードで遊ぶ，クッキーを焼くなど，楽しめることは山ほどあります。

　しかし大事なのは，それらを楽しいと思うかの度合いは十人十色で，いくら周りの人から勧められたり誘われたりしても，楽しくないどころか，苦痛で嫌でたまらないものもあるはずです。そうした時にきっぱり断れるかどうかが「意思決定」なのです。もしそれが未熟なら育成しなければなりませんし，本人の力だけで無理なら，支援の方法を具体的に考えないとなりません。

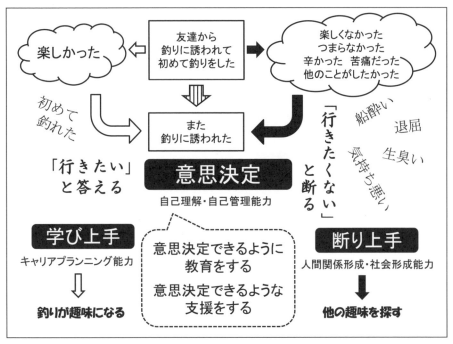

　このように「意思決定」は，快・不快という発達の最も原初的な段階において表出しやすいので，「楽しいのか」「楽しくないのか」という選択の中で育成したり，その人に応じた支援の方法を模索していったりするのが最も効果的だといえます。

第2章

楽しさをどう教えるか

● 遊びの指導から余暇支援へ ●

1 **楽しさを味わう支援**
> 遊びの指導，生活単元学習，特別活動

「楽しむ力」の原点は，楽しいとはどんなことかがわかることです。そのためには，楽しそうな経験をたくさん積ませて，そこから「もっとやりたいな」「またやりたいな」という気持ちを沸き立たせることです。周りから見たら大したことないことでも，本人がそれに夢中になったり，やめたがらなかったり，やり続けようとしたら，それを「遊び」といいます。

～認知発達からみた遊び～ ピアジェの理論

0～2歳:感覚運動的段階

第3期（4～8か月）　　周りの事物へ興味を持ち，関わろうとする。

第4期（8～12か月）　　人と，いないいないばぁ等の遊びができ始める。

第5期（12～18か月）　　相手や対象物によって結果が違うことが
　　　　　　　　　　　　繰り返すことでわかる。

第6期（18か月～2歳）　見えないものを頭の中で思い浮かべ，
　　　　　　　　　　　　表現することができる。

2～4歳:象徴的思考段階

一度見聞きしたことを頭の中で覚え，それを後で再現できたり，
見立てあそびができる。

キャリアプランニング能力を育む

「遊び」の内容や方法は，認知発達の面と社会性の面から，いくつかの段階に分かれることが知られています。よく取り上げられるのがピアジェの理論です。寝返りや四つ這いなどで移動ができない発達段階では，視覚に飛び込んでくる動態刺激を目で追ったり，音源を探したりします。自分の手を見つめ，手を動かしてみたりもします。それらをやり続けたり，次の刺激を待っていたりするような状態なら，それはもう立派な遊びだと思います。頭も振れない重度重複・重心の児童生徒であっても，人為的な刺激を待っている，次を期待しているなら，遊びの指導ができるのです。たとえ目で追える時間がわずかでも，音源が鳴るたびに何らかの反応を示せば，その時間や刺激の種類，距離，動かす方向や速度そして反応の仕方を，エピソード評価（観察記録を累積して変化を見出す評価方法）していけばいいわけです。興味関心を示すものを試行錯誤で見つけることが教師の使命（ミッション）です。

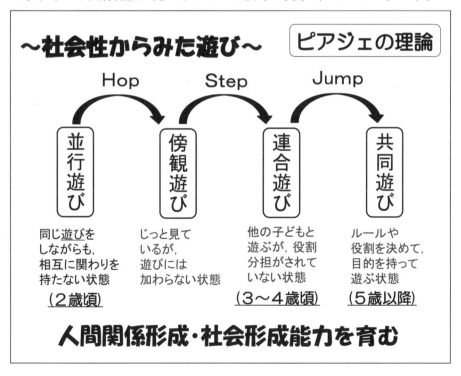

人間にとって「遊び」は，豊かな人生を送るために欠かせないものです。仕事一途で，俗にいう「遊び」とは無縁のような人でも，絶対何らかの形で遊んでいます。息抜きとしての喫煙，昼食に入った大衆食堂でのテレビ，気分転換のための缶コーヒー，疲れを癒してくれる行きつけの居酒屋，そこでの愚痴話などなど，張り詰めた「革生行動」の合間には，必ずボーッとした「緩衝行動」が伴っています。それについつい夢中になってやめられなくて，気が付いたら時間が過ぎていたといった時，遊びの域に入っているのです。

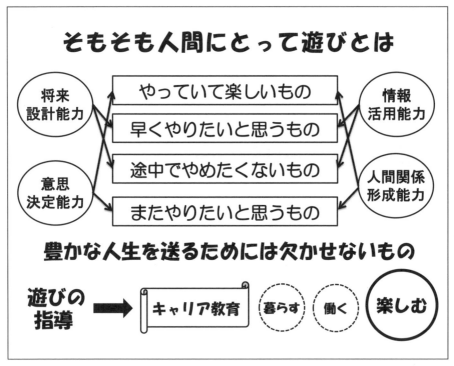

遊びとは，やる前は「早くやりたい」と思い，やっているうちは「楽しい」「途中でやめたくない」と思い，やり終えると「またやりたい」と思うものです。「早くやりたい」と思うには，似たようなことを含めて一度でも楽しかった経験をしているという「将来設計能力」か，初めてでもうまい誘われ方をされて乗り気になる「情報活用能力」が関わってきます。

そもそも「遊び」とは，行動やそれ自体が目的であり，自己充足的な喜びをもたらすものです。つまり遊びらしい行動をしていても，そこに喜びや楽しさが伴わなければ，遊びとはいえないのです。例えば10人中９人が楽しいと思うすべり台やブランコでも，高い所や揺れを怖がる児童にとっては苦痛でしかありません。しかしそうした児童に対して，１mの高さから緩やかな坂で滑らせたり，50cmくらいの振幅で揺らしたりして，スモールステップで体験させると，少しずつ抵抗感が薄れて自信をつけてくることがあります。この過程が「キャリア発達」であり，そうすることが「キャリア教育」なのです。また遊びを通じて，社会性など生きていくのに必要な能力を学んでいきます。特にゲームにおいて負けを少しずつでも受け入れられるようにしておくことが，次章で述べる意思決定の上でとても重要なことになってきます。

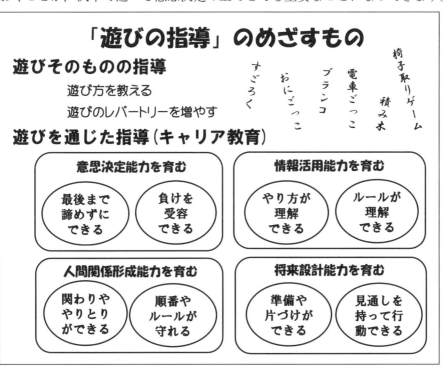

遊びの目的は心の解放です。でも同時に多くのことを主体的に学べる手段でもあります。特にライフキャリア教育でいうところの「まわり（情報活用能力）」「じかん（将来設計能力）」「あいて（人間関係形成能力）」「じぶん（意思決定能力）」を育む好機です。下の図のように，例えば積み木で遊ぶ時，使う積み木を探すのは情報活用能力，もう一つ積んでみようかなと考えるのは意思決定能力です。トランプの7並べで遊ぶ時も，ハートの8はあの子が持っていそうだと目星をつければ人間関係形成能力，次にクラブの13を出してから最後にダイヤの9を出せば勝てると先が読めれば将来設計能力です。

　運動遊び（主体的に体を動かす遊びを中心とした身体活動）というと，小学部の児童がするものと思われがちです。確かに中学部，高等部では，遊びより運動の要素が強まりますが，運動嫌いの生徒をつくっては心身の健康上からも好ましくありません。そこで運動が「楽しい」と思えるようにするた

めには，遊びの要素をしっかり取り入れておく必要があります。遊びはなぜ楽しいのか，それは自分ができることを繰り返しやれるからです。いくら体力向上や健康維持のためであっても，うまくできないこと，できそうもないことをさせられるような運動は，ちっとも楽しくありません。成功体験や満足感を得られるような遊びの要素を取り入れた運動ならば，やる気が出て，楽しいと感じてくるでしょう。そして自信がついてくるとちょっと難しそうなことにもチャレンジしたり，失敗してもリベンジしたりすることが「楽しい」と思えるようになります。そういう子が大人になると，びっしょり汗をかいて，くたくたになっても運動することが，爽快な余暇の過ごし方になります。

　そういう意味で，遊びの指導や運動遊びが，部活動指導に円滑につながることが，「楽しむ力」を育むライフキャリア教育になります。

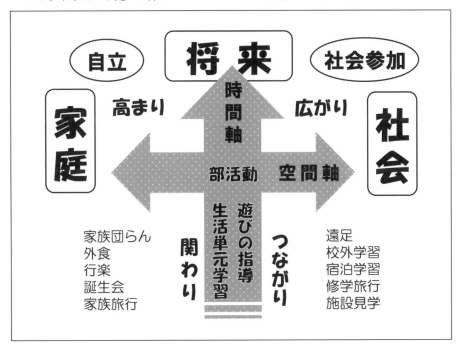

生活単元学習は，何かを教えるというよりも，興味関心や好奇心を引き出したり，夢中で取り組んだりするきっかけを与えるものだといえます。それによって「楽しむ」ことを味わったり，楽しむレパートリーを増やしたりすることができます。運動遊びを体育系とすれば，生活単元学習はクラフト，調理，歌唱，楽器，演劇，栽培，飼育，写真映像，室内ゲーム，乗り物，絵本紙芝居など，どちらかというと文化系の内容が中心です。ですから，これが文化系の部活動につながっていくと，楽しみが膨らみ，余暇の一つとして活用することが期待できます。

　教科外活動としての特別活動には，各種の学校行事があります。儀式的行事で楽しさを味わうことはあまりありませんが，文化的行事，体育的行事の中では，楽しいと感じることができる可能性がたくさん含まれています。準備や練習を経て本番に至るこうした行事は，生活単元学習の内容としても計画されます。その過程においては，辛く苦しいこともありますが，できた喜びや満足感が，「楽しい」という感情とつながると，発表会に向けて練習やトレーニングを積むという余暇の活用の仕方に結び付けることができます。練習やトレーニングそのものは楽しくなくても，その先に楽しみが待っているから今頑張るというように，それらを一連のものとして捉えることができる将来設計能力，キャリアプランニング能力が大いに関わってきます。

　さらに，遠足や修学旅行といった「楽しむ」という目標が含まれる行事と，校外学習や宿泊学習のように「学ぶ」要素が強い活動があります。後者の場合，学んだり，発見したりする喜びを，楽しさにすることで，また来たい，次はどんなところに行けるのかなといった意欲を持たせることができます。「〇子がまた行きたいというので，連休に家族で行ってきました」といったお便りを保護者の方からいただくと，行事が単発で終わらず，余暇活用につなげられてよかったと嬉しくなります。

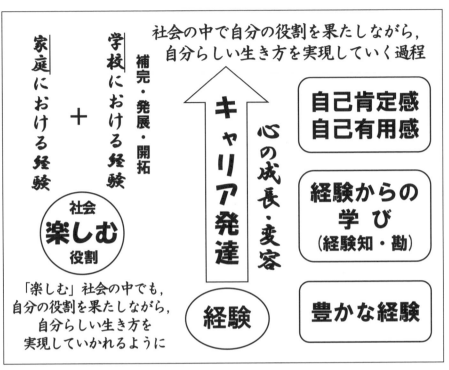

キャリア発達は「社会の中で自分の役割を果たしながら，自分らしい生き方を実現していく過程」とされていますが，ここでいう「社会」とは働く社会だけではなく，暮らす社会，楽しむ社会も当然含まれていて，それぞれの社会の中での役割のことを指しています。また，キャリア発達というのは，様々な経験の積み重ねによる心の成長・変容という形で表れます。特に楽しむ経験は，家庭において積み重ねられる部分が多いのですが，家庭だけでは限界があります。そのため，楽しむ経験を学校で補完，発展，開拓してあげる必要があります。特に保護者が思いつかないような遊びや，学校でしか経験できないような楽しみとの出会いを，たくさんさせてあげるのが学校の社会的役割だと思います。

2 楽しさにつなげる支援
➤ 各教科，作業学習，自立活動

　ここで取り上げる，いわゆる「お勉強」そのものを楽しいと思う児童生徒はあまり多くないでしょう。通常の学級の児童生徒だって，学年が進むにつれ，成績や進学のために仕方ないと思いながら取り組む児童生徒が増えてきます。勉強そのものが好きとか楽しいと思うのは，やはり自分の意思で専攻した学問と出会った時でしょう。そしてそれが仕事に結び付けられれば確かに幸せです。でもそうした人ほど，仕事にのめり込んで「仕事＝楽しい」という寝食を忘れ，家庭を顧みない仕事人間に陥ってしまいがちです。やはり楽しみというものは，主たる仕事（生業）とは別に存在する方が，人生をより豊かにしてくれるものではないでしょうか。

　特に知的障害の特別支援学校における国語や数学の授業は，内容が精選され，将来使えそうな実学中心になっています。決して悪いことではないですが，省かれてしまう内容の中に，実は人生を楽しくしてくれるきっかけとなるものがたくさん含まれています。例えば国語なら詩歌や文語，数学なら虫食い算などのパズルです。知的障害者は文章を書いたりまとめたりすることが苦手だと思われています。しかし自分の感情や思考を言葉を用いて，何らかの形で表現することは，とても人間的であり，楽しいことです。接続詞や文法など気にせず，1行でも，10文字でもいいから，書き残していくことが人生の足跡（キャリア）になるのです。これをちょっとまとめたものが詩であり，短歌であり，俳句であり，川柳です。また多くの標語やキャッチコピーもこの形式です。「公募ガイド」などには毎月たくさんの募集が掲載されています。新聞や雑誌などに投稿欄があります。「こどもの詩」というのを見ると瑞々しい感覚にハッとさせられますが，知的障害当事者の視点や思いもマスコミに投書や投稿するなどして，社会にどんどん発信すべきです。世の中の常識を変えるのも楽しいですよ。

文語については，社会人になっても使わないという理由で，まず取り上げることはありません。実は特別支援教育一筋の私は，高校から転任してきたばかりの国語の教師から，なぜ授業で古典を取り上げないのかと質問された時も，特別支援教育のこともよく知らないでと，正直思ったものです。でも，ある光景を見てハッとしました。それは，「淡き光」「溢るる涙」「流るる雨のごとく」……というように文語だらけの歌を，生徒たちがカラオケでちゃんと発音して歌っていたのです。これを教材にして文語を教えたっていいじゃないか，生徒たちは日本人として育った言語感覚で，古語文法なんて知らなくても何となく文語を理解していて，身近なものとして捉えているのではないかと思ったのです。コミックや映画の影響で百人一首がブームになりましたが，ゲームとしての楽しみの他に，一首でも意味がわかる歌があれば，楽しみ方も変わってきます。

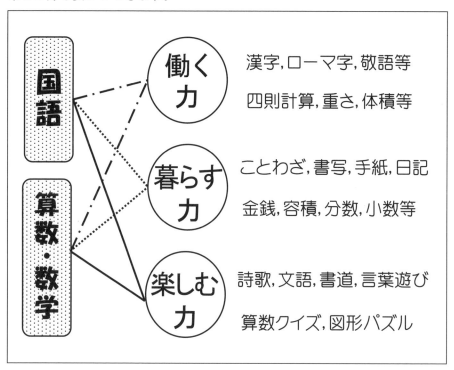

あと国語的内容では、「しりとり」「早口言葉」「なぞなぞ」「しゃれ」「回文」などの言葉遊びがわかったり、自分で言えたり作れると、余暇がさらに充実します。仕事や生活に役に立つという視点ばかりで、国語科の内容を精選してしまうのではなく、こうした「楽しみ」に使える知識や技能と視点も忘れてほしくありません。そうした視点に立つと「書道」というものも省けません。書き初めという形で年1回は取り入れてほしいですし、図工・美術とコラボレーションして「絵手紙」や「色紙（しきし）」にしてもいいと思います。こうしたことがきっかけになって、就職してからカルチャーセンターの広告を見て、書道教室、写経、絵手紙講座に目が留まり通い出せたりすると、働く社会とは別の、楽しむ社会での新たな大人との文化的出会いが始まるかもしれません。書道家の金澤翔子さんのようにそれを職業にしなくても、毎年年賀状に独特な文字を墨で書いて送ってくれる卒業生は、きっと年末が来るのを「楽しみ」に仕事を頑張っているのだと思います。

　数学の虫食い算は、空欄を数字で埋めていく数独などのパズルに通じる謎解きの考え方です。小町算は空欄に四則記号を埋めていくもので、日付やナンバープレートの数字の間に＋－×÷を入れて10にするといった、待ち時間などにできる遊びになります。俗に頭の体操といわれるようなクイズを解くのに必要になる数学的知識があります。そうした算数クイズのネタ本や、図形パズルを副教材にして「余暇活用学習」をするのもいいのではないでしょうか。数学的知識や技能は、働いたり、生活していく上で必要だから教えると思われがちですが、「探偵コミック」を読んだり、「推理ドラマ」を見る際にも、数学的論理思考があると面白みが増します。またゲームやギャンブルをする際に確率の知識があるのとないのでは、結果はかなり違ってきます。さらに、生活や楽しむために、原付を含め運転免許を取得するには、試験問題に出てくる数字の意味や大小関係、必要条件や十分条件の読み取りや類推などに慣れておかないとかなり難しいことになります。これは各種の資格試験の4択5択問題にも共通していえます。

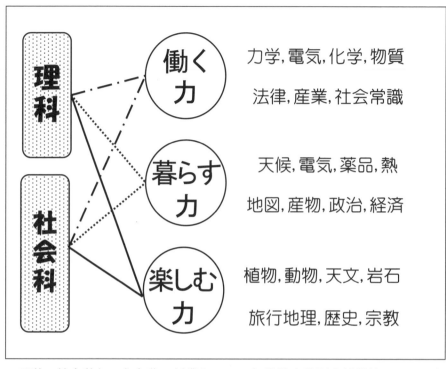

		力学, 電気, 化学, 物質
理科	働く力	法律, 産業, 社会常識
	暮らす力	天候, 電気, 薬品, 熱
		地図, 産物, 政治, 経済
社会科	楽しむ力	植物, 動物, 天文, 岩石
		旅行地理, 歴史, 宗教

　理科・社会科という名称で授業している知的障害特別支援学校はそれほど多くはないと思いますが，内容的に「楽しみ」に通じるものが豊富に含まれている教科です。栽培，飼育という楽しみには，植物や動物の知識がある程度必要です。天体観測やきれいな石集めにも，天文や岩石の知識があると大いに楽しめます。旅行は国内海外を問わず，旅先の地理や歴史の知識があると楽しみが深まります。また観光地には寺院などが多いので，宗教の知識があるとさらに楽しめます。生徒たちは，理科の観察や実験，社会科の見学や実体験が好きです。それらを通じて興味関心を示してくれれば，どのような分野であっても楽しみへと変化していきます。さらにテレビでは，旅番組，時代劇，動物紀行，宇宙や地底探検記，恐竜に関する番組など，地理，歴史，生物，地学に属するノンフィクション番組やクイズ番組がかなりあり，それを楽しみに見るためにも，理科・社会科の知識は欠かせません。

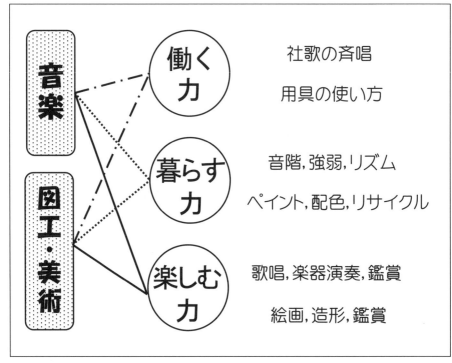

中学部の学習指導要領によれば，音楽は「生活や社会の中の音や音楽，音楽文化と豊かに興味や関心をもって関わる資質・能力の育成」，美術は「生活や社会の中の美術や美術文化と豊かに関わる資質・能力の育成」とあり，卒業後の「余暇時間」「自由時間」を有効に活用する手段になりうるものです。そこでの学びをきっかけとして，特に興味関心を持った対象やスキルが，趣味へと発展していきます。歌や楽器，絵画や造形が，心を解放してくれるのは，音楽療法（セラピー），絵画療法という心の治療法があることからも確かなことです。作曲，漫画，イラスト，プラモデル，トールペイントなど一人で表現することを楽しむものと，コーラス，バンド演奏，集団絵画や造形などグループで楽しむものがあります。その他，ライブコンサートに行く，美術館めぐりをする，自宅で音楽を聴くなど，鑑賞を楽しむという人もいます。

体育での陸上運動は，ウォーキング，ジョギング，市民マラソンなどの余暇につながります。また体操運動はヨガや太極拳，表現運動はフラダンスやフラメンコ，ゲーム運動はサッカー，野球，テニス，バドミントン，バレーボール，バスケットボールとして楽しめます。さらにゴルフ，スイミング，スケートボード，ウィンドサーフィンなどのマリンスポーツ，スキー，スケート，サイクリング，登山など，様々なスポーツの楽しみ方があります。重度の児童生徒もボッチャやボウリングなどで楽しむことができます。このように，体育で学ぶ知識やスキルは「楽しむ」ためになくてはならないものがたくさん含まれています。職業・家庭では，手芸やパン・お菓子づくりなどの趣味につなげられる知識とスキルが学べます。その他，キットを使った電子工作や，プラモデルづくり，家具や小物を作る日曜大工などの楽しみ方もあります。

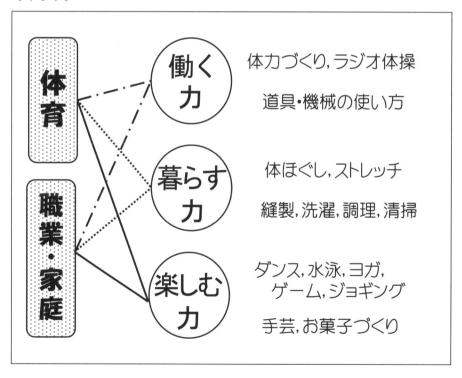

その他の教科として，「情報」での学習は，YouTube を見て楽しんだり，メル友とやりとりしたり，インスタグラムなどを作成したり，ネットショッピングを楽しんだりすることにつながります。「外国語」は，英会話やその他の言語を習うきっかけになり，海外旅行や外国人との会話を楽しめるようになります。

　続いて，最も現場実習や職業教育に結び付く「作業学習」ですが，これも「働く力」だけを育てているわけではありません。伝統的なものづくり作業班を見てみると，木工班，手工芸班，織物班，革工班，陶芸班，食品加工班などは，日曜大工，パッチワーク，刺繍，さをり織り，レザークラフト，焼き物づくり，お菓子づくりというように，生涯，趣味として活かせるスキルをたくさん学べます。農園芸班，コンクリート班などは，家庭菜園，ガーデニングなどにつながります。最近は，現場実習先や進路先を意識して，流通サービス系の作業班に移行する傾向がありますが，「楽しむ」という視点からすれば，むしろ，ものづくり作業班の方が学ぶ要素が多いと思います。ただし注意したいのは，生産高や能率を上げることばかりを優先して，作業工程の一部分ばかり担当させていると，全工程が理解できないので，趣味としては成立しにくくなります。確かにものづくり作業班は，現実として，学んだスキルをそのまま進路先や仕事に活かすことが難しい時代になりましたが，趣味として活かせる要素は美術科，家庭科に比べて，より具体的なので，在学中にいろいろな作業班を経験させてあげることが，余暇利用の観点から重要だと思います。

　そして最後に「自立活動」ですが，元々苦手な部分を改善・軽減するのが目的なので，得意なもの，好きなものを楽しむ「余暇」とは結び付かないと思われるかもしれません。しかし，そうした課題となる部分を改善・軽減していくことで，楽しむための選択肢やバリエーションが増えるということも考えられます。さらに趣味を深める上で，差し障りが生じているものを改

善・軽減することで、もっと楽しめるようになるかもしれません。例えば、人間関係の形成やコミュニケーションの区分を主にする自立活動を進めて、趣味仲間と少しでも楽しくやっていけるようにします。環境の把握や身体の動きの区分なら、楽しめるものへの探索や接近がより可能になります。健康の保持と心理的な安定の区分は、少しでも持続的に楽しめるようにするものだと思います。下の図のように、エアトランポリンに誘っても拒否していた児童が、自立活動を積み重ねて、怖くはなさそうだ、中に入ってみようかなと思うようになれれば、楽しみを一つ増やすことが可能になります。それにはかなりの時間と労力が必要だとは思いますが、教師が「時間をかけても好きになるはずはない」「努力しても無駄だ」などと最初から匙を投げては、その児童のコンピテンシー（可能性の芽）を摘んでしまうことになります。自立活動と余暇活動はこのようにつながっているのです。

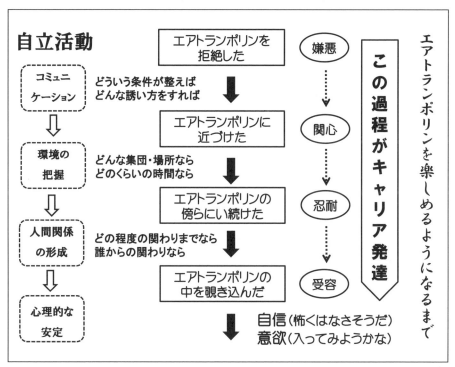

　私たちはどのようにして「楽しみ」を見つけたり「楽しみ」と巡り会ったりしているのでしょうか。多くの場合，すでに存在する何かに気づき，それへの好奇心から接近していくことによって出会います。例えば散歩中に，スケートボードに楽しそうに乗っている友達に気づき（情報活用能力），自分も乗れたら楽しいだろうなと思い（将来設計能力），「僕にもやらせて」と頼み（人間関係形成能力），恐る恐る乗ってみたら面白かった（意思決定能力）いうようなことです。それが遊びのきっかけとなります。何度も落ちたり転んだりしても，うまく乗れるようになりたいと思う気持ちが強ければ，その辛く苦しい練習の日々もまた遊びの一環です。遊びとは我を忘れ，時間を忘れて打ち込めるもの，心が解き放たれている状態であるといえます。

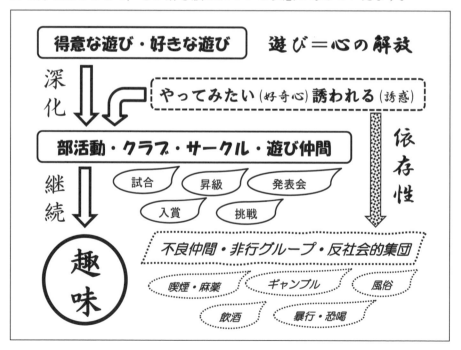

砂浜できれいな貝をたまたま見つけると，ついつい貝拾いに夢中になってしまうといった経験は誰にでもあるでしょう。人は多かれ少なかれ，対象物の違いはあってもこだわりを持って集める習性があるのかもしれません。それがコレクションという趣味になります。キャラクターグッズといったものに限らず，有田焼でそろえた食器，有名ブランドでそろえた服や靴，好きな歌手の CD など，新製品や欠けているシリーズを探し求めたり，買い足したりすることが楽しくてたまらなくなってしまうのです。

　個人的に始めた遊びでも，同じ遊びをしている仲間を見つけたり誘われたりして，一緒にやり出すと楽しみが倍増するということがあります。例えば独学でギターを覚えて弾いているだけより，バンドに入ったりバンドを組んだりして一緒に演奏するといったケースです。独りよがりだったものが，みんなとやることにより，修正できたり上達したりするといったことはよくあることです。さらに一人でやっているより，何らかの発表の機会が巡ってくるということもあります。このように単に遊びで始めたものでも，試合やコンテストへの参加，検定や昇級試験などへチャレンジすることが励みになり，ますますワクワクドキドキしてきます。人は他者から評価してもらうことで自己肯定感が得られ，辛く苦しかったけど，やり続けてきてよかったなぁと自己有用感に浸ることができるのです。

　ところが，そうした遊び仲間がいつも好ましい集団だとは限りません。甘い言葉に誘われて仲間に入ったものの，喫煙，飲酒に始まり，麻薬やギャンブルを覚え，風俗店に入り浸りになり，借金を重ね，それを返済するために恐喝や詐欺の片棒を担がされ，挙句の果てに暴行罪などで逮捕され，といった負のスパイラルに陥るケースもなくはないのです。これらを「遊び」とか「楽しみ」と呼ぶことはできません。遊興とか快楽といった余暇の使い方は依存性が高く「病みつき」になります。特に知的障害者は意志の力が弱く，騙されやすいので，しっかりこの区別を教えておく必要があります。

いわゆる健常者は学校時代に趣味に出会わなくても，社会人になってから
いくらでも出会えるすべを知っています。カルチャーセンターや，公民館・
地区センターのサークル活動はその代表例です。仕事や家事以外の楽しむ場
として，仕事帰りや家事の合間に通う人がほとんどです。そこには同じ道を
志す仲間がいて，励まし合ったり，時には切磋琢磨したりして，腕を磨いて
いきます。次の表は，あるカルチャーセンターの開講講座です。

文芸コース

　俳句，短歌，川柳，エッセイ，小説，児童文学，落語，書道，写経

絵画コース

　スケッチ，絵手紙，油絵，水彩画，日本画，水墨画，パステル画，

　ちぎり絵，切り絵，折り紙，押し花，写真

和文化コース

　茶道，生け花，三味線，琴，尺八，日本舞踊，民謡，和太鼓，着付け

ゲームコース

　囲碁，将棋，チェス，麻雀，オセロ，カードゲーム，ビリヤード

造形コース

　陶芸，七宝焼，ペイントアート，ステンドグラス，タイルモザイク，ビーズ，

　鉄道ジオラマ，鎌倉彫，模型飛行機，ドールハウス

音楽コース

　コーラス，カラオケ，ピアノ，フルート，ギター，ドラム，オカリナ

料理コース

　パン，洋菓子，和菓子，そば打ち，紅茶，コーヒー，カクテル

運動コース

　ヨガ，太極拳，合気道，エアロビクス，ジャズダンス，社交ダンス，

　ヒップホップダンス，フラメンコ，フラダンス

その他

　マジック，手相，星占い，英会話，護身術，バードウォッチング

スポーツジムに通うという出会いもあります。運動不足の解消，健康の維持，筋トレ，ダイエット，理想のボディづくりなど目的は様々です。様々なトレーニングマシンばかりでなく，水泳教室や体操教室などがセットされているところもあります。汗もかき，疲労もありますが，それが心地よければ「楽しみ」になります。シャワーを浴びて，冷たい飲み物で喉を潤す時が快感という人が少なくありません。その他にも柔道教室，剣道教室，空手教室，テニス教室，マリンスポーツの教室などがありますし，バドミントン，ボルダリング，登山，ウォーキング，ジョギング，サイクリングなど，市の広報紙などには，スポーツ仲間を募る記事がたくさん出ています。そうしたところは初心者を歓迎してくれ，一から教えてくれるところがほとんどです。また最近は障害者を対象としたボッチャなどのパラ競技を楽しむものが，社会福祉センターやスポーツセンターなどで数多く行われています。その他，バッティングセンター，ゴルフ練習場，壁打ちテニスコート，卓球場，ボウリング場，スケート場，スキー場などに個人や友達と行って，腕を磨くことも楽しみの一つになります。

　最近はeスポーツという楽しみ方も出てきました。日本ではスポーツといえば体を動かすこと（physical sports）を指すのが一般ですが，欧米では競技全般を指し，頭脳ゲーム（mind sports）であるチェスやポーカーもスポーツとされています。その延長で，複数の人で対戦するコンピュータゲームも electronic sports とされるのです。特に格闘技系やカーレース系のコンピュータゲームは，スティックの改良次第で，かなりの重度障害者であっても，まるで自分が格闘家やレーサーになったかのように，画面上の手足や車を自分の意思で自由に動かせる最大のメリットがあります。日本ではスポーツは健全なもので，ゲームは単なる遊びとしか思われてこなかったため，ゲームセンターに行くという校外学習はまず考えられませんでした。しかし実際にゲームセンターにはいろいろなゲームがあり，金額や時間の節度を含めて，余暇利用の授業として教えることも，今の時代の流れだと思います。

スポーツについてもう一ついえば，体を動かすことは得意ではなくても，スポーツ観戦をするのは好きという人も少なくありません。伝統的には大相撲とプロ野球でしたが，アイスホッケー，サッカー，ラグビー，バレーボール，バスケットボールなどのプロスポーツリーグが次々できてきました。個人競技でもプロゴルフ，プロテニスなどでも多くの観客がいます。実際に競技場に足を運ばなくても，テレビ・ラジオ観戦する人もかなりいて，手軽な余暇の楽しみ方の一つとして昔から不動の位置を占めています。これらの特徴は，ただ漫然と観戦しているのではなく，好きなチームや選手をひいきにして，応援したり，その勝ち負けに一喜一憂したりすることです。またプロスポーツに限らず，高校野球，国民体育大会，そしてオリンピック・パラリンピックなどのアマチュアスポーツに，手に汗握る人も大勢います。

　美術館や博物館には常設展示の他に企画展があります。また最近は個人で運営する小さな博物館や画廊も増えてきました。以前は静かに鑑賞しなければならない，展示物に触ってはいけない，撮影してはいけないといった堅苦しい規則やマナーがありましたが，最近は音楽ライブとコラボレーションした美術展とか，作品に触れて楽しんだり，作る体験ができたりする企画展も増えてきました。また赤ちゃんが泣いても，障害児が騒いでも大丈夫といった美術館も多くなりました。静かに鑑賞して，心で楽しめるという人ばかりではありません。楽しさを体全体で表現することも許されてこそ，ユニバーサルデザイン化された美術館・博物館といえるのではないでしょうか。敷居が低くなれば，特別支援学校の児童生徒や卒業生も気軽に行かれるようになります。

　動物園や水族館は楽しめると同時に心が癒されます。自宅や施設やグループホームなどでペットを飼うことが許されないところもあります。アニマルセラピーともいわれるように，動物は，働く生活の中でリラクゼーションできるとても大切な存在なので，こうした楽しみも組み入れましょう。

趣味ということで最も多くの人が挙げるのが，旅行です。下の図は，個別の指導計画において，将来の夢，本人の願いとして，バスツアーでいろいろな所に行きたいとした児童への長期指導計画です。

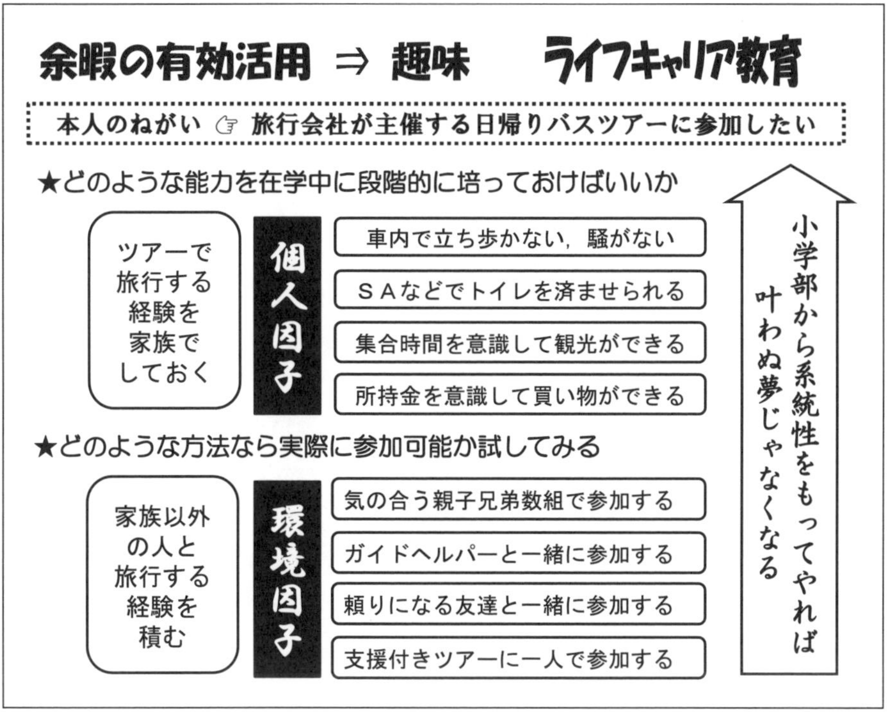

余暇の有効活用 ⇒ 趣味　ライフキャリア教育

本人のねがい ☞ 旅行会社が主催する日帰りバスツアーに参加したい

★どのような能力を在学中に段階的に培っておけばいいか

ツアーで旅行する経験を家族でしておく	**個人因子**	車内で立ち歩かない，騒がない
		ＳＡなどでトイレを済ませられる
		集合時間を意識して観光ができる
		所持金を意識して買い物ができる

★どのような方法なら実際に参加可能か試してみる

家族以外の人と旅行する経験を積む	**環境因子**	気の合う親子兄弟数組で参加する
		ガイドヘルパーと一緒に参加する
		頼りになる友達と一緒に参加する
		支援付きツアーに一人で参加する

小学部から系統性をもってやれば叶わぬ夢じゃなくなる

　ある旅行会社には，トラベルサポーターという制度があります。トラベルサポーターは添乗員ではなく，旅行代金の一部を支払って，サポートが必要な人へのお手伝いをしながら自分自身も旅を楽しむ「旅仲間」で，障害当事者が個人的に依頼したヘルパーと参加するのとは違います。介護職員初任者研修（旧ホームヘルパー２級）以上の介護資格を持っていることが条件ですが，特別支援学校の先生方はぜひ退職後にこうした形で，卒業生たちの楽しみを支える側の人になっていただきたいと思います。なぜなら，特別支援学校教員は引率のプロだからです。そのキャリアを自分自身の定年後の生きがいや楽しみとして使えるとは，なんと素敵な人生なんでしょう。

グルメ，食べ歩きというのは，社会人になって自由に外食ができるようにならないと持ちにくい趣味です。それも一人で気ままに楽しむ人と，わいわい仲間と楽しむ人がいます。栄養やカロリーを考えてバランスよく食べることができれば問題ないのですが，いくら好きだからといって，仕事帰りはいつもラーメン店で夕食では体を壊してしまいます。また休日のたびに寿司屋とか高級レストランめぐりばかりしていてはお金が続きません。「孤独のグルメ」というドラマやコミックにも取り上げられているように，庶民的なささやかなメニューの中にも美味しさに満足できるものはたくさんあります。何事ものめり込みすぎず，ほどほどにできることが何よりも大切な意思決定能力だということをしっかり教えておかないとなりません。

　知的障害者という理由だけで，飲酒，喫煙，ギャンブル，風俗店はだめというのは，かつての優生保護法の下で行われた強制不妊手術と同じ論理になってしまいます。TPO（時，場所，相手，場合）や，時間とお金の節度，そして心身の健康への影響といったことを，彼らなりにわかる方法で教えて，あとは自己責任をとる覚悟で自己決定をさせていかないとなりません。これらは自分から好奇心で始めることもありますが，友達や同僚などから誘われて始まるケースが少なくありません。そして一度でもいい思いをすると，自分の意思だけでは抜け出せなくなってしまいがちです。楽しみを通り抜けて「快楽にふける」域になると仕事上にも影響が及んできます。アダルトビデオに凝りだして夜更けまで悦に浸り，朝起きられなくなり遅刻を繰り返して退職せざるを得なくなった卒業生がいました。しかも退社後もアダルトビデオがやめられず，結局は引きこもり状態になってしまいました。

　近年は知的障害特別支援学校でも性教育が進んできていますが，性欲をどう処理するかなどを個別に具体的に指導している例はほとんどありません。施設等に進んだ卒業生はそうしたことへの支援を受けるチャンスはありますが，就労した卒業生にはまずありません。在学中にそうした話題に触れよう

とすると，就労レベルの生徒ほど恥ずかしがって先送りしたがります。勃起は男子として健康な証拠ですし，TPO さえわきまえればマスターベーションも自然の摂理です。実際に私は，授業中によく上の空になる高等部1年生の男子2人に，トイレに行かせて処理の仕方を教えたことがあります。その後授業に集中できるようになり保護者から感謝されました。本来は男親が教えるべき課題ですが，寝た子を起こしたくない，下手に教えたら犯罪に走るようになる，自分たちがそうだったように教えられるのではなく自然に覚えるものといった意識が強いのです。これは余暇＝楽しむ力というより，食欲をどう満たすかと同じく，睡眠欲と性欲は，生きるために必要不可欠な力，つまり暮らす力の一つです。

　私は歓楽街を学区に持つ特別支援学校で進路指導をした経験があります。その地域では風俗産業は立派な仕事で，保護者や親族の誰かがそれらと何らかの関係のある仕事で生計を立てています。事実，卒業時の進路先から転職を繰り返し，風俗店で働いている卒業生もいました。「ここにいたのか」と言うと，「先生こそ何でこんなところに来るのよ」と言い返せるぐらいの卒業生でした。「Aくん，最近よくここに来るよ」といった情報も教えてくれました。アフターフォローをする中で，Aくんの金遣いが荒くなったと聞いていたので合点がいきました。新型コロナウイルス感染症で話題に上ったいわゆる「夜の街」で働いたり，通ったりする卒業生は実際にはかなりいるのかもしれません。彼らを支えていくのは容易ではありませんが，相談相手としてのつながりだけは保ち続けていきたいと思います。

　障害当事者にも健常者と全く同じに楽しむ権利があることを，まず我々教師と保護者が認めましょう。そうやって考えれば，健常者にとって楽しいものは障害当事者にとっても楽しいのです。要は楽しみをユニバーサルデザイン化する努力と工夫さえすることで，重度障害者を含めて誰もが楽しめるようになるわけです。

その例の一つとして挙げられるのが，美容整形です。自分のある部分がどうしても気に食わない，もう少し〇〇だったら異性にモテるのに，あの人みたいになりたいなど理由は様々だと思いますが，知的障害者も健常者も全く変わりありません。さらに自分の姿を直接見ることができない視覚障害者が同様の気持ちを抱いても何ら不思議ではありません。いずれも必要不可欠というものでない限り，本人の自由，つまり「楽しみ」の一つです。二重瞼にしたりする，いわゆるプチ整形といわれるものから，数十万円もする手術もあります。事前のカウンセリングなどで，こうしてほしいという希望や，薬品や金属のアレルギーなどを伝えたり，費用や副作用や術後の説明を理解したりすることに難しさがある場合は，決して一人で判断することのないように学校時代に指導しておいたり，卒業後に相談相手がいるようにすることが大切です。

パーマ，ピアス，ネイル，カラーコンタクトなどは，憧れるだけでなく，友達や同僚から誘われることもあります。この程度ならいいのですが，タトゥー（刺青）といったものになると，単なる好奇心では済まず，あとあと面倒なことになります。スパ，温泉，プール，サウナなどで入場拒否をされたり，スポーツジムなどに入会できなかったり，MRI検査ができなかったり，生命保険に入れなくなったりすることがあります。こうしたリスクを考えた（将来設計能力）上での決断（意思決定能力）なら自己責任ですが，よく知らなかった（情報活用能力）とか，恋人と同じ（人間関係形成能力）といったことでは悲劇的な結末になることも少なくありません。未成年や知的障害者の場合は，裁判で契約取り消しといったことができなくもないのですが，それはあくまで金銭支払いのことであって，一度入れたタトゥーはレーザーでも完全に消すことは無理で，元の肌に戻すことはかなり困難です。それと発覚した場合，日本の企業や地域社会はタトゥーには非寛容なところがほとんどなので，辞めさせられるか，肩身の狭い人生を送っていかざるを得なくなるのも事実です。そうした覚悟があれば，あとは本人の自由です。

さて，これまで見てきたような内容を，学校時代にすべて教えることは到底できません。また，本人が自分の問題として感じていなければ，事前にいくら事細かく教えても役に立たないことが多いものです。高等部卒業後に専攻科やカレッジ，就労移行支援事業所で教えるという考え方もありますが，やはり社会人になって，実際に問題と直面した時，または，そうなりそうな頃を見計らって学んだ方が効果的です。特に企業に就労して順調にやっている卒業生は，福祉や支援機関とのつながりが薄くなりますが，むしろそういう卒業生にこそ必要な学習支援だと思います。

　最近は，あちこちで知的障害当事者による「本人の会」ができてきました。これまで特別支援学校が，同窓会や青年学級のような形で担ってきた学習会や親睦行事を，地域の支援者と共に本人たちが自主的に進めるものです。月1回程度の集まりのところが多いですが，こうした場を利用して，例えば恋愛講座，美容講座，成人病予防講座といったことを，自分たちで企画して，学校時代の恩師などに講師を依頼して，開催できるような形が理想的です。まさに，社会人となった知的障害者を対象にした，卒業後の「アフタースクール」です。

　2022年4月より成人年齢が18歳に引き下げられて，特別支援学校高等部3年で在学中であっても，保護者の監督責任ではなく，本人の自己責任を伴う行為が生じてきます。先程も述べましたが，裁判まで持ち込めば，その多くは知的障害を理由に取り消しや無効になりますが，取り返しがつかない心身の傷となって残るものも少なくありません。「楽しむ」こと自体は，それこそ自由ですが，リスクもそれなりに伴うものであることを，遊び中の怪我など身近な例を用いて，小学部段階から丁寧に教えていくことが，とても大切なことだと思います。そういう意味で，楽しむためには，先を読む将来設計能力の育成が欠かせません。

第3章

気持ちをどう伝えるか

◉ 意思代行決定から意思決定支援へ ◉

1 意思を形成する支援
➤ 意思のない人はいない

　「楽しむ力」を支えるものとして，意思決定能力の育成が大切だということとを前章までに触れてきました。またキャリア教育が推進される中で，特別支援教育においても，自己選択，自己決定，自己責任という言葉がかなり浸透してきました。それ以前は，知的障害の児童生徒はなかなか自分の意思でものごとが決められないので道筋をつけてあげることが大切だとか，自閉傾向のある児童生徒はこちらでパターンを決めてあげると落ち着くなどと，まことしやかにいわれてきました。確かにそういう部分もあるでしょうが，いつもそうした先回りの教育（失敗経験をさせないようにして学習効率を上げる教育）ばかり受けていると，障害当事者は自分で何も決められず，常に誰かの指図や助けなしには動けない，指示待ち人間になってしまいます。

　もちろん意思決定能力は，生活のすべてに必要な力ですが，働く時は制約が多く，自分自身で勝手に決められる裁量部分がかなり小さいです。暮らす時もやらねばならない日常行動（食事時間，入浴時間，睡眠時間，その他の家事時間）はほぼパターンとして決まっているので，自由にできるものはそれほど多くはなく，今日はこれを洗濯しよう，明日はあそこを掃除しようといった程度です。その点，楽しむ時はほとんど自分の自由になります。制約があるとしたら，待ち合わせといった約束とか，指定席とか，時間切れとか，雨天中止とか，急病といったようなものでしょうか。

あるお母さんが子どもにイライラしながら尋ねます。「イオンにするの？ヨーカ堂にするの？　早く決めてちょうだい」と。お子さんには決められない理由がありました。でもお母さんはイオンとヨーカ堂の二者択一で迫ってきます。確かに「どこへ行きたいの？」とオープンクエスチョンで問うより，二者択一というクローズドクエスチョンで問う方が子どもには答えやすいでしょう。特別支援学校の授業でもよくこの手法がとられます。自由に選択させているつもりですが，ここに大きな落とし穴があります。

来週行くフードコートで食べたいものを事前に決めてください。

カレーにする？　ラーメンにする？

二者択一には，実は6通りの答えがある

```
┌─────────────┐   ┌─────────────┐   ┌─────────────┐
│ カレーが    │   │ ラーメンが  │   │ 両方        │
│ 食べたい    │   │ 食べたい    │   │ 食べたい    │
└─────────────┘   └─────────────┘   └─────────────┘

┌─────────────┐   ┌─────────────┐   ┌─────────────┐
│ どっちでも  │   │ ほかのが    │   │ 行ってから  │
│ いい        │   │ 食べたい    │   │ 決めたい    │
└─────────────┘   └─────────────┘   └─────────────┘
```

　私たちはついついカレーかラーメンかどちらかに手を挙げてくれるものだと思い込んでいます。そのため，手を挙げない子やぐずぐずしている子には「どっちにするの」と迫ってしまいます。答えないとか，答えを躊躇している児童生徒たちには，あと四つの意思があるのかもしれないということに気づかないのです。私たちも時々するように，知的障害の児童生徒たちにも「保留」とか「棄権」という選択肢があってしかるべきなのです。

このことは余暇の過ごし方，つまり楽しむためには最も基本的な考え方です。基本的人権の尊重の問題に関わってくるといっても過言ではありません。先のイオンかヨーカ堂かを迫られた子どもの場合も実は，雨だから今日は外に出たくない，家にいたかったのです。それなのに，買い物に行くのがこの子の日課だと思い込んでいるお母さんは，二者択一にして子どもの意思を尊重しているようですが，実はそうではなく，本人の気持ちも考えようとせず強引に連れ出そうとして，イライラしてしまっているのです。

児童生徒が同じことばかりして遊んでいると，「他にも面白いものがあるよ。ほらトランポリンとか，ボールとか」などとついつい言いたくなります。しかし本人は「もっと積み木で遊んでいたい」「まだここでAちゃんと一緒にいたい」「もう少ししたらトランポリンで遊ぶよ」などと思っているかもしれないのです。だから誘いに乗ってこなかったら，「もう少し積み木で遊ぶ？」と付け加えれば，首を縦に振ったり，にこっとしたりするかもしれません。それこそが意思の尊重です。

どんなに重度の児童生徒でも意思を持たない人はいません。ただ，びくとも体も動かさず表情も全く変えない最重度の児童生徒を見ると，意思がないのではないかと思い込んでしまいがちです。それがあの津久井やまゆり園の悲惨な事件になりました。意思がないのなら生きている意味がない，果たしてそうでしょうか。私たちとの意思の表出や伝達がうまく噛み合わないだけで，最重度の児童生徒にも意思そのものはしっかりあるのです。もっといえば，意思という形で具体的に形成されていなくても，意思を左右する心の動きは必ずあります。びっくりすれば脈拍が急激に上がり，呼吸も荒くなります。本能的に交感神経が興奮して，そこから逃げ出す準備をし始めるからです。自律神経自体は意思とは無関係といわれますが，それをきっかけに「不快」という意思が形成されてくることは明らかです。

人の意思が如実に表れるのが「快」「不快」です。好きか嫌いかに至る以前の，その時その場での直感的な反応です。ある肢体不自由特別支援学校の重度重複学級での自立活動で，いろいろな香りを嗅がせる授業をしていました。バニラ，ソープ，ゴマ油，イチゴジャムなどの香りに対して，表情一つ変えなかった生徒がいました。ところが最後に納豆の香りを鼻のそばに持っていった途端，しかめっ面になり，明らかに不快の表情を見せたのです。つまりこの生徒は，他の香りに対しては表情を変えないことで受け入れていた，少なくとも不快ではなかったということです。ここがとても大切なポイントです。もし納豆を用意していなかったら，この生徒は香りに対して反応しないと評価されてしまっていたでしょう（ただこの生徒が納豆好きだったら話は別ですが）。不快ということを経験しないと快がよくわからないというのは，病気と健康，不幸と幸せなどにも共通していえることです。

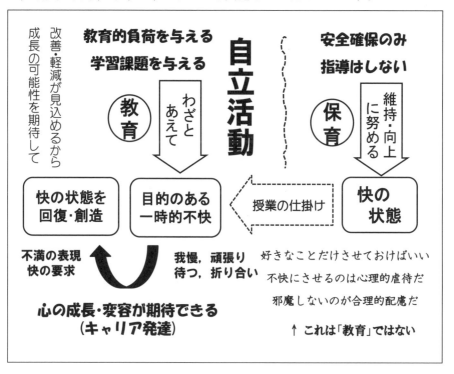

対象が重度になればなるほど，快の状態を中断したり不快な状態にしたりするのはかわいそうという気持ちになってしまいますが，快の状態を維持したり向上させたりすることが「教育」ではありません。どんなに重度の児童生徒であっても可能性の芽（コンピテンシー）を持っています。どうせ無理，やらせるだけかわいそう，そんなことしたら体罰だ，無理強いしないのが合理的配慮だなどと，最初から引いたり諦めたりしてしまうのは，特別支援学校の教師の姿勢としてどうかと思います。わずかでも成長させたいと願うなら，あえて，わざと，本人に負荷をかけることも時には必要なことです。負荷という言葉に抵抗があるなら「課題」と言い換えてもいいです。そもそも自立活動の授業というのは，少し頑張ればクリアできそうな教育的負荷（教育的課題）を与え，それにスモールステップで挑ませることではないでしょうか。

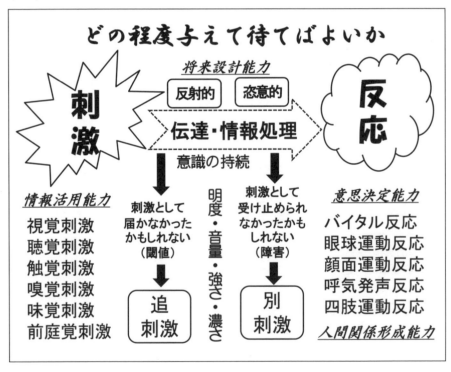

特に「意思形成」という人間として生きていくのに極めて重要なことを学ばせるには，目的を持った一時的な不快状態を体験させることが大切です。先程の例でいえば，いつも心地よさそうな香りばかり嗅がせていい気分にさせておかずに，あえて，わざと，納豆の香りを嗅がせるということです。不快という意思が形成されてくると，しかめっ面になる，顔をそむける，顔を横に振る，目をぎゅっと閉じる，舌を出す，怒り出す，泣き出す，声を出す，手で払おうとする，息が荒くなるなど，「やめてくれ」と言えなくても，何らかの不快状態を解消しようと努力する反応を示します。そうしたらすぐに嗅がせるのをやめてください。こうしたことが繰り返しできるようになってくることで，不快の意思形成の学習が成立していきます。

　刺激に対して何らかの反応を起こすためには，その間に五感で受けた刺激を脳に伝達し情報を処理するまでのわずかな間，意識が持続していないとなりません。刺激を与えたのになかなか反応が出てこないという場合は往々にしてこうした理由が考えられます。また意識は持続していても，刺激が刺激情報として脳にうまく伝達されない場合があります。その一つが「閾値」です。人はある値を超えて初めて光や音や匂いや味として認識できます。個人差が大きいので，もし伝わっていそうもない時はもう一度，明度や音量や強さや濃さを増した刺激を与えます（追刺激）。それでも反応が起きない時は，刺激として受け止められない五感の「障害」がある可能性があります。その場合は別の五感情報に代えて与えます（別刺激）。そして出てくる反応も，呼気が荒くなったり，眼球が動いたり，バイタルサインが変化したりと様々です。さらに大切なことが，その刺激を与えたり，反応を見守ってくれたりしている人が家族や担任なのか，初めて会った大学院生なのかで，違ってくる事実です。重度になればなるほどそうしたことには敏感で，人見知りという人間関係形成能力の問題になってきます。このように，刺激を与えて単に反応を待っているだけではなく，その間にある様々な要因について考察してみることが大切です。

ただ，気を付けておかないとならないことがあります。それは「嫌だ」と
いった不快の反応が，私たちの常識，つまり，いかにも嫌そう，辛そう，苦
しそうな表情ばかりではないということです。例えば，吹き出し笑いをした
生徒に対して，快だと誤った解釈をしてしまう可能性が無きにしもあらずと
いうことです。笑っているから嬉しいんだと解釈してしまうと，本当は嫌が
っているのに，先の例でいえば納豆の香りを嗅がせ続けてしまうという過ち
を犯してしまうのです。笑う＝快，怒る・泣く＝不快というのは私たちの勝
手な思い込みで，その児童生徒なりの反応とその意味をしっかり見極めて，
結び付けることが大切です。そのためにもマンツーマンの授業は絶対に避け
るべきです。特にベテランの教師ほど過去の経験から抜け出せず，独りよが
りの解釈をしてしまいがちです。複数の教員の五感を総動員して，互角に意
見を交換しながら，客観性を高めていきましょう。

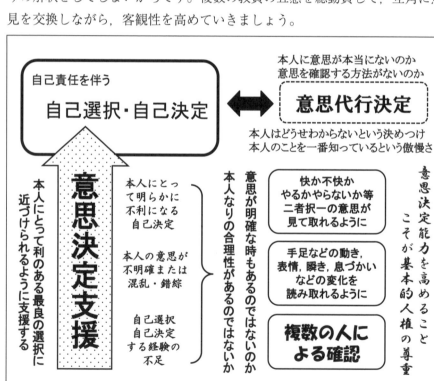

この図は，意思を保護者などに代行決定されてしまいがちな重度の障害者であっても，周囲の人の捉える力次第で，本人の意思を最大限くみ取り，それを本人の意思決定として支援していく考え方をまとめたものです。本人の先を見通す力（将来設計能力）が弱い場合，本人にとって不利になる意思を示してしまう場合があります。でも本人なりの合理性もあるのではないか，周囲の人の情報提供の仕方がまずかったのではないか，意思を尋ねるタイミングが悪かったのではないかなどと考えることが支援につながります。

　話を「選ぶ」ということに戻しましょう。キャリア教育の一番の功績は，小学部低学年から自己選択という場面を取り入れたことでしょう。それまでの小学部は，選ばせる以前のこととして，まずは言われた通りに動く，指示に素直に従う，勝手なことはしないというのが指導の中心になっていました。それは真面目，素直，従順という20世紀にもてはやされた知的障害者像に近づけるためでした。例えば，児童公園に校外学習で来たとします。指導案の中ですでにブランコチームとすべり台チームに分けられていて，交代と言われるまでやり続けるというのが以前の指導です。ところが選ぶという行為が，一人ずつ自由にできるとなると指導は複雑になります。つまり，下のように一口に選ぶといっても，いくつかのパターンが出てきます。

①ブランコにするか，すべり台にするか，どちらかを選ぶ（に決める）。
②ブランコとすべり台の，どちらを先にするかを選ぶ（決める）。
③ブランコに乗るか，乗らないか，どちらかを選ぶ（に決める）。
④ブランコに今乗りたいか，後でもいいかを選ぶ（決める）。

というように，児童に何を選ばせるのか，その選択肢と，選択する意味（選んだことによる結果・影響）を事前にしっかりと説明できるかということが重要です。例えば②ならブランコを先に選んでも後ですべり台もできることになりますが，①だとブランコを選んでしまったらすべり台はできないということになります。③に至っては，ブランコに乗らないと決めたら，他に遊

ぶ遊具がない可能性があります。④は先に友達がこいでもいいかという問いかけかもしれません。

　こんな面倒くさいことをいちいちしていられないと，教師側で割り振りを決めてしまっては，「選ぶ」という経験がいつまでもできないまま，高等部へ先送りされてしまいます。そして，高等部３年生になっていきなり，選ぶという最大の行為「選挙権」についての学習になってしまいます。身近なものを選んだ経験も乏しいのに，投票の仕方ばかり教えても意味がありません。実際に投票所に行って一票を投じるのは次項で述べる「意思表出」です。ここでは，立候補者のポスターが貼ってある掲示板や，政見放送，選挙カー，立会演説会，選挙公報などから，誰に投票しようかなと考える「意思形成」について，少し考えていきたいと思います。

　投票先を，ポスターや政見放送を見たり，立候補者の過去の実績などを見たり（情報活用能力）してから決める（意思決定能力）という有権者が少なくありませんが，口コミとか知り合いからの働きかけ（人間関係形成能力）で決める人もいます。いずれにしても当選したら公約を本当に実現してくれるのか（将来設計能力）を見極めて一票を投じるのが選挙です。しかし実際に当落を決める大きな力となるのが，浮動票といわれる人たちの投票行動です。公示期間中の立候補者や政党のちょっとした言動やスキャンダルが，普段は眼中にない対立候補や対立政党への投票につながったりします。

　一方，投票の義務はないのに，AKB48選抜総選挙やオールスターファン投票には関心がある人の多くが投票します。これらの投票理由（根拠）は，その人が好きだから，かっこいいから，かわいいからといった，人間の根源的な好き嫌いの感情です。また，アイドルや選手が逆境にある場合はかえって，かわいそうだ，応援したいといった判官びいきの心理が働きます。そういう意味で人気投票には浮動票は少なく，特にお気に入りの人物がいない人

は投票そのものをしません。似たようなものにミス○○コンテストというのがありますが，審査員の投票行動は，ファン投票とは違い，自分の好みの人に投票するというより，みんなが結果に納得してくれそうな人，言い換えれば無難な人に票を入れるという心理が働くそうです。

　このように投票行動に至るまでの「意思形成」にはいろいろな意識レベルがあります。つまり，立候補者は，結果的に何票入ったからといって，自分や自分の政党の公約や主張に賛同して投票してくれた人ばかりでなく，単に顔がいい，すらっとしてかっこいい，笑顔が素敵，声がいい，駅頭で握手をしてくれた，選挙カーから手を振ってくれた，掲示板の一番見やすい所にポスターが貼ってあった，自分と母校が同じ，出身地が同じ，年齢が同じ，など様々な投票理由で票を投じた人が少なくないということをわかっていなければなりません。よく世論調査で「他の内閣よりよさそうだから」といった支持理由があります。他の候補よりはまし，当選しそうだから勝ち馬に乗ろう，落選することが目に見えている候補に入れても意味がない，棄権はしたくないから仕方なくなどといった投票理由もあるのです。

　何を述べているかというと，私はこうした消極的理由や人気投票的な理由を否定しているのではなく，むしろ知的障害者が，こうした理由で投票したって一向に構わないと思うのです。かつていわゆる成年後見法によって知的障害者の選挙権が制限されていた時代に盛んにいわれていたのが，知的障害者は選挙の意味がわからないまま適当に投票してしまうからといった論理でした。掲示板のポスターを眺めて，この人かっこいいとか，この中で一番優しそうといった理由で投票することがどうしていけないことでしょうか。それは「適当に投票する」というのとは違って，明確な意思を形成して投票しているのではないでしょうか。もちろん立候補者の政見の違いなどを本人たちにわかるように比較しながら説明できればベストですが，最終的には本人たちの選挙権の行使です。形成された意思は尊重されるべきだと思います。

2 意思を伝達する支援
> 気持ちの伝え方と伝わり方

　前項でも触れましたが，せっかく意思が形成されても，それが音声言語で相手にうまく伝わらなかったり，誤った伝わり方になってしまったりすることがあります。それを大別すると次のようになります。

①声が出ない。表情もあまり変化しない。
②表情を読み取ってもらえない。読み取れる人がその場にいない。
③身振り手振りがうまくできない。思いと異なった動きをしてしまう。
④発音が不明瞭で聞き取ってもらえない。聞き取れる人がそこにいない。
⑤言葉は出るが，文としてうまくまとめられない。
⑥字や文がうまく書けないので筆談ができない。
⑦伝えたい人との言語が違う。通訳できる人がいない。
⑧話しても相手にされない。無視される。
⑨伝えようとする言動が社会では問題行動とされ制止されてしまう。

　①②③はいずれも音声言語で相手に意思を伝えることが難しい場合ですが，②はそれに代わる手段としての表情の変化が，ある特定の人にしか読み取れないような場合，③は不随意運動があったり可動域の制限などの関係で，代替手段としての身振り手振りがうまくできないために伝わらない場合です。④は音声言語が出るものの，ある特定の人にしか聞き取れないような場合，⑤は音声が明瞭でも片言なので全体の文意が伝わりにくい場合です。⑥は音声言語に限界があり，さらに書字能力の問題等のため筆談が難しい場合，⑦はうまくしゃべれても，言語体系が異なるために，通訳等がいないと通じない場合です。⑧は独り言やオウム返しなど，周りに聞き取れる音声言語であっても，コミュニケーションツールとしての機能をなしていない場合，⑨は罵声やヘイトスピーチなど，思っていることをそのまま言葉にしてしまうことが，別の意味で問題になるといった場合です。

意思が伝わらないのは，すべて障害当事者側の問題なのでしょうか。私は1986年から9年間横浜国立大学附属養護学校で勤務しました。ある日，ぶらり教室に入ってこられた元東京大学教授の梅津八三（1906〜1991）さんは，私が生徒とうまくコミュニケーションをとれず，どう対応してよいか戸惑っているのを見られて，「君は今，障害状況に陥っているんだよ」と言われました。つまり生徒も私も「相互障害状況」にあると言うのです。そしてそれを脱するには生徒も私も互いに生きることを助け合わないといけない，それが「相互輔生」という考え方だと教えてくださいました。当時の私は自作教材コンクールで入賞したり論文が雑誌に掲載されたりして，障害児教育にそれなりの自信を持ち出し天狗になってきた時期だったので，障害児の言動を理解できない自分もまた「障害者」なのだと言われて，鼻をへし折られたことがとてもショックでした。それ以来，児童生徒の心や思いに寄り添うことに努め，児童生徒の言動が理解できるように研鑽を積みました。そしてそのことが，日々児童生徒たちから教えられて自分は教師として人間として成長させてもらっている，児童生徒たちには周りの大人や社会を変えていく力がある，だからそうした児童生徒の存在はこの世になくてはならないものであるという，今の私の考え方の根幹になっていきました。

　先の意思決定支援の図にもあったように，重度障害児・者の意思表示は繊細かつ微妙です。ALS（筋萎縮性側索硬化症）患者の目線や瞬きは，本人がしっかりとした意思を持って意図的・恣意的に行うものですが，重度の知的障害が伴うと，目線が動いたり，瞬きに変化が表れたりしても，それが不随意運動であったり，偶然であったりする可能性も捨てきれません。ひとまず，提示した選択肢への本人の反応として受け止めますが，手足の動き，顔の表情，発汗や息遣いなど，他にも反応が出ていないか，複数の目で確かめることがとても大切です。多角的にビデオで撮って，後で複数の人でじっくり見るということも有効です。あの時のあくびや咳込みが反応だったんだといった気づきを得たりすることも珍しくありません。

二つのカードや実物を見比べさせてどちらかを選ばせて意思を確認する時は、手が動くのなら、経験的に選びそうな方を利き手と反対側に置き、遠くのものを正中線交差（右手を左半身側に斜めに伸ばす）してまでも取れば、しっかりと意思を持って選んだことがわかります。もし目の動きや目線で同じように選ばせるのなら、教師は必ずカードや実物の向こう側、つまり、本人の目が選択肢を見つめたことが確認できる位置にしゃがみます。そして目が動いて選びそうになったら、その選択肢を少し動かします。それを目で追ってくれば、本人の意思の確実性は高まります。

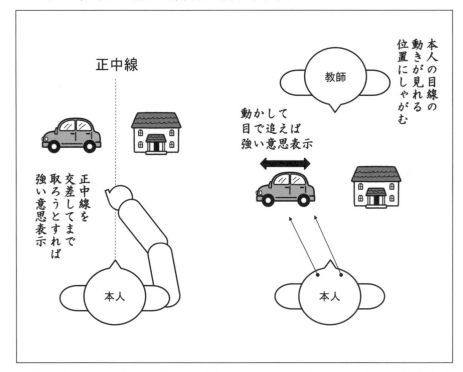

　昔の話になりますが、ある入所施設で、グループホームへ移る候補者を選抜するために、１円玉から500円玉まで硬貨を並べて「この中で一番価値のある硬貨はどれか」というテストをしたそうです。500円玉を選べないと地域社会で生きていくのが難しいだろうという施設長の出題意図でした。とこ

ろが，最有力候補だった女性利用者が「10円玉」を選びました。「一番大事なお金はどれかと聞いているんですよ」と問い直しましたが答えは同じでした。施設長は期待していただけに落胆したそうです。その後しばらくして施設長が夜勤の時，廊下の隅にある赤電話のところで，10円玉を何枚も重ねて電話をしているその女性利用者を見ました。夜勤の女性職員に尋ねると「週末，ああやってお母さんと話すのが彼女の一番の楽しみなんですよ」。そうか，彼女にとっては，金額の大きい500円玉より，電話をかけられる10円玉の方がよっぽど価値があるお金だったんだ。

　このように，知的障害や自閉症の児童生徒の中には，常識からして一風変わった答えをする場合が少なくありません。でもそれを一蹴したり，一笑に付したりしては，せっかく勇気を出して頑張って答えたことを無にしてしまいます。彼らの答えには，きっと彼らなりの理由（意思）があると，まずは受け止めましょう。そして意思表現や意思伝達の仕方に問題はなかったかチェックしましょう。私たちの聞き違いだったかもしれませんし，本人たちの言い間違いであったかもしれません。ラ行がダ行になるなど構音の問題による誤解はよくあることです。こちらが聞き取れないとついつい「もう一回言って」「もっとゆっくり言って」などと言ってしまいますが，本人は精いっぱい話してくれているわけで，何度も言い直させられると，それこそ話す意欲，伝えようとする気持ちそのものが失せてしまいます。そうした時は，紙に絵や字をかくなどして，「これでいい？　あってる？」などと問いかけます。「このことかなぁ」と絵や写真を指差したり，コミュニケーションボードなどを活用したりするのも手です。つまり聞き返すのではなく，今の段階では私はこのくらいわかっていますよと，こちら側の理解の程度を示して，確認してもらうのです。このように，音声言語だけに頼らず，違うコミュニケーション手段（チャンネル）に切り替えてみることが大切です。要は会話をすること自体が目的なのではなく，お互いにコミュニケーションをとって意思疎通を図り，誤解や行き違いがないようにすることが目的だからです。

津久井やまゆり園の事件を起こした死刑囚は，「意思疎通のできない障害者」を標的にしました。死刑囚のいう意思疎通とは，言語コミュニケーションのことであって，身振り手振り，表情，息遣いなどの非言語（ノンバーバル）による意思疎通を含めていません。全く発語がなくても，全身あらゆるところを使って懸命に喜怒哀楽を表現している障害者が，音声言語がない（しゃべれない）という理由だけで生存権を否定されては，たまったものではありません。確かに言語コミュニケーションは，いわゆる健常者には伝わりやすい手段です。なぜなら健常者側が聞く努力をそれほどしないで済むからです。しかし非言語コミュニケーションの場合は，身振り手振り，表情，息遣いなどに内包されている本人の意思や気持ちを真剣に探らないとなりません。つまり聞き手，読み取り手の能力・適性と関わってくるわけです。しかしそれ以上に大事なのが，聞き手の何とか理解しようとする熱意です。100％完璧に理解することばかりを考えず，少しわかった，多分こんなことだろうでもいいのです。互いに伝えようと頑張った，わかろうと努力したという過程（プロセス）が，先に述べた「相互輔生」なのだと思います。そうしたこともせずに，または面倒くさくなって，相手を殺傷してしまうといった暴挙は，どんな状況下であっても絶対に許されるものではありません。

　伝えたいことが相手になかなかうまく伝わらないとイライラしてきます。そのうち「もう，いい」と怒って，話を打ち切ってしまうこともあるでしょう。障害児・者がパニックを起こしたり，自傷行為や他害行為に及んだりするのも全く同じ心理状態なのです。

　教室の外の水飲み場で遊んでいたら，先生が早く教室に戻れと呼びに来た。僕もそろそろ教室に入ろうと思っていたので，アーと右手を挙げた。そうしたら先生がいきなり僕の右手首をつかんだので，僕はびっくりして先生の腕に噛みついた。先生は怒って僕を突き放した。僕はどうしていいかわからず，ワーッと叫んで外から教室の窓ガラスをこぶしで叩いた。窓

ガラスが割れて，僕の手に血が流れてきた。

　このようなストーリーは特別支援学校では珍しくないでしょう。このストーリーで，コミュニケーション上の最初のボタンの掛け違いは，「アーと右手を挙げた」という意思の表示・伝達です。「僕」は「うん，わかったよ」という返事だったかもしれませんが，「先生」にとっては「やだよ，あっち行け」と拒否されたと思い，カッとなってしまった可能性があります。「アー」の語気や語調，右手の挙げ方や向きなど，音声言語がない「僕」と「先生」の間で次第に形成されてきていた，やりとりの約束事（コミュニケーション・ルール）があったはずです。双方に伝えたり聞き取ったりする努力は大切ですが，それ以上に，伝えたり聞き取ったりする経験をたくさん積むことが何より必要です。そうすればお互いの心理的距離が縮まります。

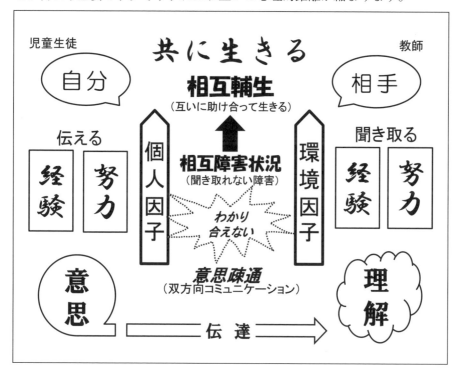

テレビの情報バリアフリー化が進み，今や手話通訳，字幕放送，副音声などは当たり前の時代になりました。視覚障害がある知人は，NHKの副音声は解説が控えめで，民放は細かすぎだといいます。朝ドラなどは声を聴けば配役はわかるのにいちいちしつこい，わかることをわざわざ言われると興ざめする，と手厳しいです。この知人は，映画を観に行く時でも「世界観を大事にしたいから，音楽だけしか流れてこない回想シーンなどだけ説明してくれればいい」とはっきり同行援護者に伝えます。知人が最も嫌うのは，クロストークといって，映画の音声に，支援者の説明の声がかぶってしまうことです。もちろん，この知人のような視覚障害者ばかりではありません。逆にラジオの実況中継のように細かく説明してほしいと言ってくる人もいます。要は，支援してほしい内容や程度といった要望をはっきり同行援護者やガイドヘルパーなどに伝えること，それもまた「意思伝達」なのです。

さらに意思伝達で見逃されがちなのが，NOと言えることと，SOSが出せることです。児童生徒の中には，何を尋ねても「はい」「うん」としか答えない児童生徒がいます。そうした場合，すべての意思がYESだとは考えにくく，「いいえ」「ちがう」ということが言えないのではないかと疑ってみることが大切です。もちろんそうした選択肢があることすら知らない場合もあるでしょうが，NOと言ってはいけないと思っていることが少なくありません。それが，知的障害者は真面目で素直で従順という誤った神話を作り出してしまいました。嫌なものは誰だって嫌ですし，知的障害者にだってサボりたい時があって当然なのに，真面目で素直で従順で「あるべき」，そうでないと一般社会に受け入れてもらえないし，うまくやっていかれないという20世紀の障害児教育論が今でも語られることがあります。そうした誤った教育を受けた生徒たちが，1995年に発覚した水戸アカス事件，1997年に発覚した白河育成園事件など20世紀末に相次いだ，入所施設や障害者多数雇用事業所における暴行虐待の被害者になっていったのです。知的障害者は言うことを聞く，反抗しないというところに付け込まれた結果です。優生保護法という公権力行使による障害者への強制不妊手術も同じ構図でした。

　そうした歴史的反省を踏まえて，21世紀の特別支援教育は，児童生徒たちの意思（基本的人権）の尊重ファーストの教育でないとなりません。すなわち，嫌だという気持ち（意思）を当然持って（形成して）よいということ，そうした気持ちを表出したり伝達したりしても不利益を被らないということを，しっかり教えないといけないと思います。そしてそれに抵抗したり疑問視したりする社会的勢力に対して，毅然と立ち向かって知的障害者を援護すること，それこそが教師が果たすべき社会的役割であるはずです。

　先程の相互輔生の図は，ICF（国際生活機能分類）でいうところの，障害を個人因子と環境因子によって捉える考え方を示しています。21世紀になって世界の障害者観はこのように大きく変わり，20世紀に盛んに使われていたハンディキャップ（社会的不利）という言葉を現在ではまず耳にすることがなくなりました。それだけ障害を個人の問題に限定するのではなく，社会全体で軽減除去していこうという雰囲気になってきている表れでしょう。

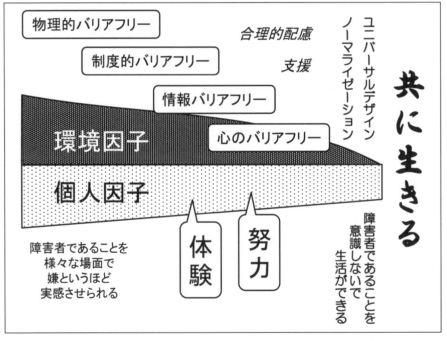

　上の図のように，環境因子を構成する様々なバリアを軽減除去していけば，最終的には，障害者であることを意識しないでも生活していくことが可能です。しかしたとえそういう世の中になったとしても，個人因子としての障害は依然として残り続けるということを忘れてはなりません。確かに医学の進

歩によって，個人因子そのものが軽減されることがあるとは思いますが，環境因子の軽減除去だけを待つだけの姿勢で果たしてよいのでしょうか。もしそうであれば，障害者自身（個人因子）としての成長（キャリア発達）は不要ということになってしまい，障害児への「教育」を否定することになりかねません。つまり障害者自身も可能な限り，障害の軽減に努めなければ，真の意味でノーマライゼーション・共生社会の実現には至らないのだと思います。それがそのまま「自立活動」の目標ではありませんか。

　しかし努力といっても並大抵のことではないことは重々承知しています。ですから私は，自分からあえて努力しにいくという積極的な努力を求めるのではなく，あえて，わざと，自分なりの努力をしないと超えられない程度の困難状況に置くという，消極的な（仕方なしの）努力を「体験」させることが大切だと，ライフキャリア教育の中で一貫して述べてきました。例えば自動ドアや自動水栓が普及してきたとはいえ，全国津々浦々，さらにいえば世界のすべての国や地域で，いつもそれが当たり前というわけではないので，そうではないドアや水栓にあえて，わざと，遭遇させて，こんな時はどうするという困難状況を体験させるのです。そして自分の力だけではどうしようもないと判断したら「誰かに助けを求める」という解決法を学ぶ，それが努力，すなわち個人因子の軽減であり，成長（キャリア発達）というわけです。

　この考え方がとても重要です。環境因子つまり人のせいにばかりしないで，自分自身もそれなりに変わる努力をすることで，人間関係を良好にしたり，急がば回れというように，急場をしのいだりする知恵になります。例えば，スロープがきつくて車椅子で自走できないところがあった時，スロープ（環境因子）のせいだけにするのではなく，「誰か押してください」と周りの人に頼んだり，呼びかけたりする勇気と発信力（意思決定能力）を持つことの方が，個人因子を軽減でき，これからどんなところでも使える「バリアと戦える武器」になります。

そういう意味で，「待つ」こと，「折り合いをつける」こと，「受け入れる」こと，そして「頼む」ことは，自分の意思（気持ち）をある程度セーブしたりコントロールしたりすることによって，現実的に一歩でも解決に近づけるための「バリアと戦える武器」だといえるでしょう。

```
待つ   世の中は待たされることだらけ
       待っていられないではなく
自分の都合や   ┌ 目的があれば期待して待てる
ペースでは    │    待つ理由，結果の予想，時間的見通し
世の中生きて   └ その間にやることがあれば待てる
いかれない         暇つぶしの手段，待ち時間の活用

受容   世の中は思い通りにならないことだらけ

諦めたり      勝敗や結果・状況を受け入れる
折り合いをつける
ことで       立ち直りが早い   レジリエンス
先に進める            （立ち直る心）

           気持ちを切り替えられる
```

とはいっても，「待つ」ことも「折り合いをつける」ことも一朝一夕にできるようになるわけではありません。特に自閉的な傾向がある児童生徒にとっては，実際に社会に出て必要性を感じた時に学習しようとしても，それは困難を極めます。また，最初からできないものと決めつけて教育そのものを放棄してしまうのもどうかと思います。学齢期というのは可塑性があります。適切な環境と支援のもとで，スモールステップで学習すれば，彼らなりに伸び行く可能性を秘めた時期なのです。合理的配慮というのは，そうした可塑性が乏しくなった大人の障害者に対する最終的な支援です。

待てるようになるには，なぜ待たねばならないのかということが彼らなりにわかることが大切ですし，さらに待っている間に何でもいいからすることがあれば待たされ感が薄まります。これは，テーマパークやスポーツ施設等の入場待ち，順番待ちなどを「楽しむ」際に最も必要な力になります。折り合いをつけるということも，ゲームに負けた，チャンピオンになれなかった，ゲームオーバーなど，しょげた気持ちを切り替えて，また楽しむ場合に必要な力です。こちらは東日本大震災後によくいわれた「レジリエンス」つまり，打ちのめされた状態から立ち直る力，復活力と同じものです。例えば観たい映画があって映画館まで来たら大勢の人が並んでいて，次の回には入れそうもなかったとします。この時，せっかく来たんだから列の最後尾に並んで「待ち続ける」という選択肢があります。他にも，今日は「諦めて」出直そうとか，「仕方がないから」別の映画を観て帰ろうかという選択肢もあります。人気のある楽しみを実際にゲットするためには，こうした葛藤がつきものです。そうした時に気持ちのコントロールができないと，その場で行動が停滞してしまったり，感情が爆発してしまったりして，生きづらくなります。つまり，時には諦めたり，気持ちに折り合いをつけたりすることで，先に進めるといったケースが，この世にはたくさんあるのです。

　駄々こねとか，ごね勝ちというように，自分の思いを貫き通そうとしたり，社会が自分の意のままになると思っていたりする人がいます。でもそれがどんな相手にでも常に通じるわけではありません。世の中は，予期せぬことを含め，自分の思い通りにいかないことだらけです。そうした時に我先にとか，自分だけがいい思いをすればというのでは，楽しみも半分になってしまいます。譲る，遠慮する，我慢するといった行為は，相手のことを考えて，自分の気持ちをコントロールすることで成立します。もし自分がそうすることで，結果的に楽しみがより大きくなったり，より長く楽しめるようになったりするのなら，それらは楽しむための極意ともいえます。

それだけではありません。楽しみでやっているスポーツでも，急に体調が悪くなったら休まないといけなくなります。元気に山頂をめざしていても，天候が急変すると，待つか引き返さざるを得なくなります。ずっとめざしてきた大会の前日になって，ご家庭に不幸が起きるかもしれません。このように「楽しみ」より優先しなければならないことが世の中にはたくさんあります。そうした時に「諦める勇気」という自制心（セルフコントロール）が，非常に大事になってきます。折りにつけ，こうした力をつけておかないと，いざという時に，我を張って，無理をして，周りに負担をかけたり，生命を失う危機に遭遇したりするのです。

次の図は，左側の人（個人因子）が支援を依頼して，右側の人（環境因子）がそれに応えて支援するという場面を表したものです。

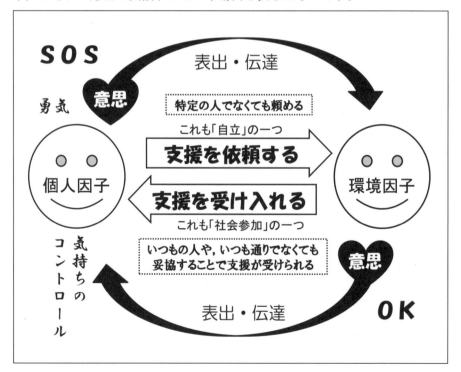

今の「諦める勇気」に通じますが，「SOSを発する勇気」というのも，ことを前に進めていくための重要な力です。自分の限界がわからないというだけではなく，限界にきているのがわかっていても「助けて」の一言が出ない人は大勢います。もしSOSが出せても，その相手は身内だったり，気の置けない親友などに限られているケースがほとんどでしょう。無人島で自給自足の生活でもしていない限り，私たちは常に誰かの世話になって（支援を受けて）生きています。そういう意味で完全に自立している人なんていないのです。私たちは知らず知らずのうちに誰かの世話になりながら，また誰かの力を上手に使いながら生きています。つまり，健常者といわれる人であっても，みな「支援付きの自立」なのです。障害者といわれる人は，その支援の度合いが少し大きいというだけのことです。だから困った時に誰かに支援を求めることは，自立の一部であって，決して恥ずかしいことではないということを，児童生徒にはしっかり教えておかなければなりません。

　ただ，保護者や教師の中には，頼まれもしないのに手を貸したり，反対にいちいち要求に応えていては，依存性が強くなるので甘えさせないといった人がいます。「依存」と「依頼」は違います。ある筋ジストロフィー患者が施設から飛び出て，24時間支援者に助けられながら自宅で生活するという話の中で，ムカッとするような要求を次々してくる本人に対し，新入りボランティアが「あなたは何様？　障害者なら何言ってもいいわけ？」とキレます。そうした要求（意思表示）をわがままと抑制したら，施設にいるのと変わりません。その人にとって，それが必要不可欠な要求なのか，その要求に応えないとどういうことになってしまうのかといったことを吟味することで，「依存」と「依頼」ははっきり区別がつけられます。さらに，それが恋人やパートナーが親密な相手になら多分言いそうな「わがまま」「甘え」の程度であるならば，障害児・者だって家族や支援者に当然言ってもいいはずで，そんなたわいもない要求に応えることで人間関係が良好になったり，維持・改善できたりするということを私たちは経験的に知っています。

私はライフキャリア教育の中でたびたび，「自立とは，支援の頼み上手になること。社会参加とは，支援の受け入れ上手になること」と言ってきました。赤ちゃんは泣くという行為だけしかできませんが，泣けば周りから誰かがやって来て「オムツかな，ミルクかな」と要求をかなえてくれます。オムツが濡れた，お腹が空いたと意思形成したものを，泣くという手段で意思伝達して，立派に「自立」をしているのです。全く話せなくても「笑顔」や「目力」で，ついついやってあげたくなってしまうような，それこそ人を使うのが上手な児童生徒がいるでしょう。それは立派な「生き抜く力」です。

　先の図にあるもう一つのベクトルが，不特定多数の支援者つまり環境因子からの働きかけです。家族や特定の支援者，特に母親や担任からの働きかけには応じられても，慣れていないまたは初めての人からの働きかけには応じられない，いわゆる人見知りの障害児・者はかなりいます。それは先程の，近しい相手にしかSOSが出せないことの裏返しでもあります。しかし一歩社会に出れば（私がいう社会とは，卒業後のことだけではなく，学齢期であっても家庭・学校以外のところはすべて社会です），不特定多数の人から支援を受ける可能性はゼロではありません。特に最近は「困った人を見かけたらお声掛けをお願いします」と駅などでアナウンスされているように，手を差し伸べようとしてくれる人が以前よりぐっと増えています。確かに，おせっかいめいた人や，見返りを期待する下心のある人も中にはいますが，ほとんどの人が善意で，それも勇気を振り絞って，手助けを申し出てくるのです。

　そうした時に，「いつもの人じゃないから嫌だ」「知らない人だから怖い」「慣れた人じゃないと困る」などといった理由で，せっかくの好意を無にしてしまうのは，それこそ「社会参加」のチャンスを逸してしまいかねません。社会参加というのは，自分からどこかの社会や組織集団に飛び込んでいくことばかりでなく，自分に対して社会や人々が近づいてくる，自分の周りに新たな社会やネットワークが作られていく，そうしたことも含むのだと思いま

す。その典型的な例が，先程の筋ジストロフィーの人を支えるボランティア集団です。そう考えれば，寝たきりの重症心身障害児・者も，自分の周りにより多くの人々を呼び込むことで，立派に社会参加を果たすことができているのです。

　「いつもの人じゃないけど，まっ，いいか」「この人でも，しょうがないか」「誰も助けに来てくれないより，まだましだ」「助けてくれるなら，誰でもいいや」などと開き直れること，それが折り合いをつける力だと思います。先程のライフキャリア教育の例でいえば，赤ちゃんがママを呼ぶつもりで泣いてもパパが来てしまう場合もあるでしょう。そうした時に「えっ，パパなの，ママじゃないとやだ」と拒否反応を示してしまったら，オムツもミルクも手に入りません。でも「しょうがないな，パパでもいいってことにするか」と諦めれば前に進めます。そうです。突っぱねるのではなく，受け入れるのです。その結果，パパでも大丈夫だとわかれば，一人支援者を増やせたことになります。そうして少しずつ社会参加の枠を広げていくのです。

　このように，支援を依頼すること，支援を受け入れることは，障害児・者にとっては，まさに生きていくのに最も重要な力であり，学校時代に少しでも育んでおかないと，それこそ親亡き後や，震災などの有事の際の避難所生活などにおいて，地域や行政の支援を受けられない人になってしまいます。反対に，こうした力が少しでもあれば，住み慣れた地域で，自分らしく，心豊かな人生を送っていくことが可能になってきます。卒業後の長い人生において，最も必要となってくるのは，これまで述べてきた自分の気持ちをコントロールして，行動を調整（制御）する力です。そしてそれを育む責任が学校にあり，それがライフキャリア教育なのです。

第4章

人生を思いっきり楽しむには

◉ 生きている実感，それが幸せ ◉

| **1** | ## 職業生活における楽しみ
➤ すり減らない・燃え尽きないための処世術 |

　職業人にとって最も手近な楽しみは，飲み会でしょう。花見だ，暑気払いだ，送別会だ，打ち上げだ，忘年会だ，新年会だと，いろいろな名目をつけて集まっては飲んで，はしゃぎます。その他にも残念会とか，偲ぶ会，上司に対する悪口を言い合う会，愚痴をこぼす会，悩みを聞く会，派閥を結成する会など，目的や理由がちゃんとしている飲み会もあります。

自分をコントロールする

酔ってきたらお酒を断れるか
嫌な誘いを断れるか
持ち金に応じて飲めるか

じぶん
意思決定能力

手掛かりをつかむ

どういう意味の会合か
割り勘なのか
どんな飲み物があるのか

まわり
情報活用能力

飲み会
における
キャリア教育

あいて
人間関係形成能力

誰と話せばいいのか
人によって話していいことと
　いけないことがわかるか

相手や集団を意識する

じかん
将来設計能力

どういう流れで進むか
自分の出番があるのか
何時頃でお開きか

先の見通しを立てる

飲み会に誘われることは嬉しいことですが，それがどんな集まりなのか，知った上で参加しないと，後で大変なことになるというのは，皆さんも何度か経験されていることと思います。それだけではありません。会費やお開きの時間，余興の有無など参加する前に知っておかなければならない情報や見通しがあります。それらを，私がよく使うライフキャリア教育の四つの視点でまとめてみると，こんな図になります。つまり，たかが飲み会，されど飲み会で，これにしくじると，あとあと組織の中での立場が危うくなってくるのです。まさに職場に入ってからのキャリア教育であり，そこでのいい思いや苦い経験が積み重なって，人はキャリア発達をしていきます。

　次の図は，卒業生がすぐに経験する新入社員歓迎会において，必要とされるであろう諸能力を，自立活動の6区分に振り分けてみたものです。

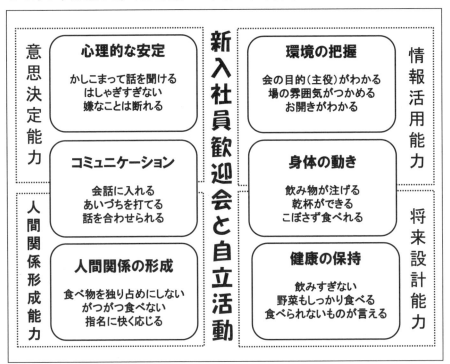

よく自立活動は，機能訓練，言語訓練，社会適応訓練などと思われていて，就労をめざせる軽度知的障害生徒に対する指導は手薄いのが現実です。しかしこうして見てみると，そうした生徒ほど遭遇しそうな課題ばかりだということに気が付かれるでしょう。事実，仕事はできるのに，こうしたことでつまずいて，職場内の人間関係が崩れて，干されてしまう卒業生が少なくないのです。この背景には，障害者といえども，仕事がこれだけできるのだから，こうした付き合いもそれ相応にできるだろうと思われてしまうことが挙げられます。だから仕事がそこそこにしかできない中度の知的障害者に対しては，こんな目では見ないで，むしろかわいいとさえ思ってもらえるのです。この違いが，軽度より，中度の知的障害者の企業における定着率の高さに影響しているともいえなくもないのです。軽度知的障害生徒への自立活動をキャリア教育の観点で眺めると，このようにやるべきことが見えてきます。

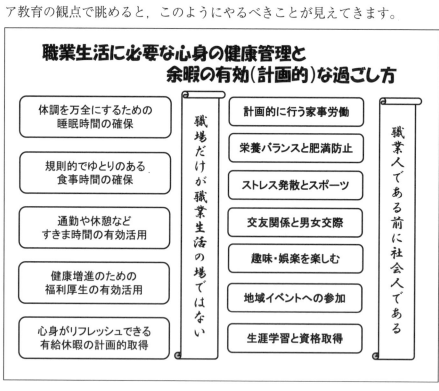

職業生活に必要な心身の健康管理と余暇の有効（計画的）な過ごし方

体調を万全にするための睡眠時間の確保

規則的でゆとりのある食事時間の確保

通勤や休憩などすきま時間の有効活用

健康増進のための福利厚生の有効活用

心身がリフレッシュできる有給休暇の計画的取得

職場だけが職業生活の場ではない

計画的に行う家事労働

栄養バランスと肥満防止

ストレス発散とスポーツ

交友関係と男女交際

趣味・娯楽を楽しむ

地域イベントへの参加

生涯学習と資格取得

職業人である前に社会人である

特に就労可能レベルの児童生徒たちにとって，卒業後の職業生活の中で最大の課題になってくるのが，心身の健康管理です。人は自由になるお金がある程度手に入ると，どうしても食べ物の方へと関心が向かいがちです。学校時代は，水や麦茶で我慢できたのに，ついつい自動販売機で糖分たっぷりの飲み物に目が行ってしまいます。それも，缶コーヒーを毎日飲まないと気が済まないといった中毒状態に陥ります。また仕事がきつくなってくると，自分から体を動かして運動することがしんどくなります。休日もごろごろとして過ごすことが多くなり，間食やお酒を飲む機会が増えてきます。結果的に生活リズムや食生活が乱れ，栄養バランスが崩れて肥満傾向になります。そして，腎臓，肝臓，心臓への負荷が高まり，糖尿病や高脂血症といった成人病予備軍の道を歩み始めるという負のスパイラルに入っていきます。

　そういう意味で，時間やお金にゆとりが出てきたからといって，それだけでは「楽しみ」には向かっていかないのです。第1章で述べたとおり，余暇＝余った時間，余計な時間をどうしようではなく，自由時間（フリータイム）として前もって何をしようか決めておく姿勢が，職業生活を維持していくには特に必要なことです。堅苦しいかもしれませんが，休日だからといって特に予定も立てずにだらだら過ごすのではなく，来週の土曜日は何をしようと決めて，月曜日からの1週間の仕事に臨むというのが，生活リズムを維持する秘訣です。さらに，仕事とは別の「楽しむ」カレンダーやスケジュール帳を持って，それを埋めていくことができれば，それはとても有効なツールになります。何かの目的に向かって期待を高めていく「計画性」は，それこそ学校時代に「生活単元学習」や「作業学習」で経験してきた手法そのものではありませんか。計画性すなわち将来設計能力は，教師が敷いたレールの上をただ走らされた授業では身に付きませんが，児童生徒自身が目的地までのレールを敷くところから単元や学習を始めておけば，その経験が卒業後にこんなところで役に立ってくるのです。

これまで，私は「働く」とは別の次元で「楽しむ」を語ってきました。よく「働くとは傍を楽にさせること」といいます。これは日本古来の考え方で，キリスト教圏では，アダムとイブが禁断（知恵）の実を食べたため，エデンの園を追放されて働かないと食べていかれないようになったという，天罰と考えられています。労働（labor）の語源であるラテン語の laborare には重たい荷物を背負って歩くという意味があるそうです。そのため，働く場面と楽しむ場面，働くための場所と楽しむための場所，働いている時間と楽しんでいる時間は，明確に区別されてしかるべきで，その方が双方にとってメリットがあり，１＋１が２以上の効果が期待できます。

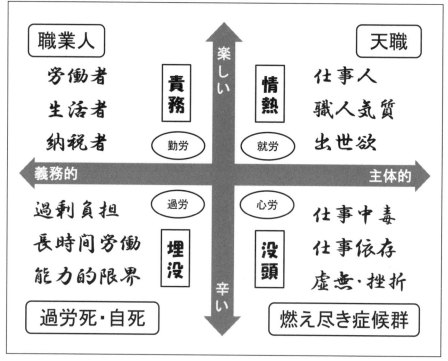

　ところが，世の中には「仕事人間」という人たちがいます。ワーカホリック（workaholic）というレベルになると病的ですが，仕事が「楽しい」と思えるのは幸せなことです。この図は，仕事を楽しいまたは辛いと思うかとい

う指標を縦軸に，仕事を主体的または義務的にしているかという指標を横軸にとって，仕事に対する意識を四つのグループに分けてみたものです。

　まず右上，第1象限から見ていきましょう。ここは仕事大好き人間の集まりです。人は好きな仕事に就けたり，希望の職種に配属されたりした時，仕事に対するモチベーションが上がります。情熱を持って仕事に励み，その成果が表れたり評価されたりすれば，ますます頑張ります。そのうち自分なりのやり方でないと気が済まなくなり，それを実現するための出世欲が出てきます。結果的に自分の思いを貫ければ，それが適職さらには天職ということになります。仕事自体が楽しかったり，地位とか名誉を得ることが楽しみというグループです。

　仕事大好き人間の最大の危機は，出世競争に敗退した時，予期せぬ事態で地位や仕事を失った時です。そこまでいかなくても，時間や家族の存在も忘れて仕事に没頭することで，独善的になり，周囲からの孤立感を深めていきます。休日であっても仕事が頭から離れなくなり，仕事に対する中毒症状・依存症の状態になっていきます。周りが，ほどほどにしたらなどと助言をしても聞き入れることはなく，「仕事に精を出して何が悪いんだ」と開き直ったりします。もはや，仕事が楽しいというより苦痛の状態になってきていますが，本人はそれを認めようとしません。もちろん仕事以外の楽しみに目が行かないので，ちょっとした失敗や挫折があると，一挙に自分はもうだめだ，というベクトルに傾き，燃え尽きて（バーンアウトして）しまうのが，右下，第4象限のグループです。

　これとは反対に，仕事はそれほど好きでもないとか，自分に合っているとはあまり思えない仕事で追い込まれていくのが，左下，第3象限の人々です。このグループは仕事自体を楽しいとは思っていないので，楽しみは趣味などで満たしています。そのバランスがとれていれば，仕事上のストレスも解

消・軽減できますが，仕事量がどんどん増えて自分のキャパシティを超え出すと，深夜まで長時間労働をしないとこなせなくなり，趣味に充てる時間が減らされ，たまに取れた休日も泥のように眠るだけという生活になっていきます。仕事に対して主体的に没頭していく前のグループとは違い，仕事に埋没したり，潰されていったりするグループです。結果的に過労死ラインを超えることになって，生命の危機がやってきます。

　以上の三つのグループは特異な例かもしれません。大多数の人は左上，第2象限にいます。このグループは仕事が生きがいという人々ではなく，生活のため，家族のためといった義務的な理由で仕事をしている勤労者です。それでも仕事や職場が嫌ではないため，現在の職場で働き続けています。仕事自体に魅力がなくても，職場の同僚との会話や，待遇のよさがモチベーションになっている人も少なくないでしょう。勉強は嫌いでも給食を楽しみにして毎日登校する児童生徒と似ているかもしれません。実はここがとても大事な視点なのです。もちろん「楽しみ」を仕事以外に見出した方がベターなのですが，職場内，さらには仕事の中にささやかな楽しみを見出すということがあってもよいのです。自分のデスクの引き出しの中を自分流に整理したり，自分のロッカーに好きなタレントの写真を置いたり，ちょっと遊び心を入れてチラシを作成したり，かわいいマグカップにしたり，お気に入りのコーヒー豆を買ってきたり，そんな些細なことと思われることで，仕事や職場が好きになれたり，働く気持ちが維持されたりできます。仕事そのものは単調でも，仕事の中に面白みを見つけたり作り出したりすることができれば，働き続けることが容易になってきます。

　職場の同僚とインフォーマルな関係で，休日や勤務時間外に楽しむということもあるでしょう。スポーツ観戦などは一人で行くより楽しいかもしれません。ゴルフとかこれまで縁のなかった楽しみを教えてくれる先輩がいるかもしれません。そしてその後の一杯が楽しみになるかもしれません。また同

僚だけでなく家族ぐるみでバーベキューなんていうことも，そのうちあるで
しょう。職場というのは働く場であるのは当然ですが，同時に同じ社会人と
して生活を共にする場でもあるわけです。最近は忘年会などへの若い人の参
加率が低くなったため，昼食会などにしたり，子どもを連れて行っていい家
族参加型忘年会といった企業も出てきました。このように，仕事自体（職務
内容や地位）が楽しくなくても，職場の雰囲気や同僚などを含めた仕事全体
は楽しいという人たちは結構います。

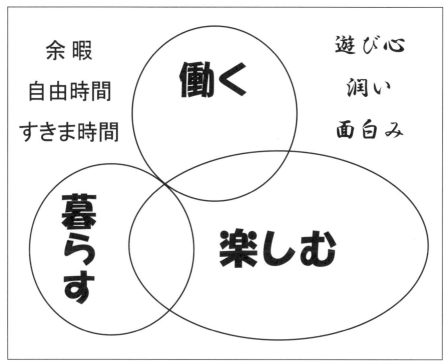

　働く場だけではありません。暮らす場であっても，そこに遊び心を取り入
れることはできます。家事は毎日だと面倒くさくなることもあるでしょう。
そうした時に，ゲーム感覚で家事をこなすという手があります。タイマーを
セットしてその時間内にやれるように頑張り，記録を更新したり，タイムオ
ーバーになったりといった具合です。また，部屋に一輪でも花があるだけで，

生活に潤いが生まれます。生活費を切り詰めて生活していると，どうしても生活がぎすぎすしてきます。そうした時に，一見無駄と思われる出費かもしれませんが，それによって気持ちがほっとでき，一息つければ，決して経済的に豊かではなくても暮らし続けることができます。

　こう考えてくると，心の豊かさというのは心のゆとりであり，楽しむということと密接な関係にあることがわかります。お金のゆとりは上を見ればきりがありませんが，時間は1日24時間，1年365日誰にも平等です。だから時間のゆとりというのは，時間（暇）がないのではなく，時間（暇）は作るもの，いや，ひねり出さないとならないものです。通勤時間や昼食後のちょっとした「すきま時間」を見つけて，それを「楽しむ時間」に活用する工夫ができるだけでも，今日1日が働きやすくなります。働きすぎて，心がすり減ったり，燃え尽きてしまったりしたら，元も子もありません。常に「遊び心」を持って，1日1日を過ごしていくことが，卒業後の長い人生を楽しむ処世術だと思います。要は，気持ちの持ちようです。

　教師ならば，希望していない学校，学部，学年，学級に配属されることはよくあることです。その人事自体は動かしようのない事実ですが，その人事に対していろいろ解釈したり対処したりするのは自分自身です。つまり気の持ちようで，その年の教師としてのキャリアの中身が違ってくるのです。我慢したり，気持ちを切り替えたり，来年に希望をつないだり，でもどんな場合でも目の前に担当する児童生徒がいます。嫌そうに接すれば，それはそのまま児童生徒の発達に影響を及ぼします。そうしたネガティブな気持ちの時は，まず遊び心を持って，児童生徒と一緒になって楽しむことを勧めます。明日はどんなことをして児童生徒たちを笑わそう，びっくりさせよう，そんなことを考えていると，時間が経つことが早いこと早いこと。そんな先生だったら，がんがん意気込んでやる熱血教師より，子どもたちにきっと好かれることでしょう。

実はこれと同じことが，保護者にもいえます。もちろん保護者という職業はありませんが，障害児の保護者は一つの職業といっても過言ではありません。よく専業主婦の仕事を家事代行サービスに依頼したら月30万円は下らないなどといわれます。新型コロナの影響で特別支援学校に通えなくなった間，保護者は一日中障害児の介護や療育にあたってきました。その分の報酬や手当は何もないのです。また，そのあおりでパートを休まざるを得なくなった保護者もいたでしょう。リモートワークをするといっても，一日中障害児と一緒に過ごす中では困難を極めた人もいたでしょう。親だから当然でしょ，そう言ってしまっていいのでしょうか。

　四半世紀前まではレスパイトといわれても後ろめたさを感じる保護者が大勢いました。年1回の学校の宿泊行事の裏で，母親同士で旅行に行くという楽しみくらいがせいぜいだったでしょう。今や，学校や放課後等デイサービスに預けている間に，パートに出る，家事を済ませるといったことだけではなく，ママ友と食事や喫茶店に行く，洋服や装飾品を買いに行く，映画を観る，カルチャーセンターに通う，スポーツジムに行くなど，余暇の活用が上手にできる保護者が増えてきました。受け入れ側も，医療ケアが伴っても大丈夫という放課後等デイサービスも徐々にですが出てきました。学校の送迎や休日のお出掛け支援などのボランティアを活用すれば，保護者の負担はさらに減ります。つまりこれからは，児童生徒の進路設計だけではなく，保護者が一人の人間として，余生を楽しめるように考えてあげることも，「移行支援計画」の中に盛り込むべきだと思います。そのための環境整備（制度，具体的な社会資源，人的保障）はもちろんですが，まずは，自分の子なのだから一生自分が面倒を見なければならないといった，特に母親の丸抱え的な考え方を変革することから始めないとなりません。
　「たまには，母親やめちゃいませんか」
　「高等部卒業式に，お母さんの子育て卒業式もしましょう」

2 他人や社会の役に立つ楽しさ
> 就労継続支援C型という新しい生き方

「就労継続支援C型？　何それ？」という声が聞こえてきそうです。この本の初版時にはまだ架空のサービスですが，重版時にはひょっとして障害者総合支援法に基づく訓練給付サービスの一つになっているかもしれない，そんな夢のあるサービスです。ご存じのとおり，一般企業等での就労が困難な人に働く場を提供し，知識及び能力の向上のために必要な訓練を行うサービスには，下の表のように，雇用契約を結ぶ就労継続支援A型事業所と，雇用契約を結ばない就労継続支援B型事業所とがあります。C型というと，さらに生活介護に近いのかなというイメージになってしまいますが，A型やB型という区分とは別次元の，社会貢献活動型の「生きがい活動の機会の提供」とでもいえば当たらずといえども遠からずのサービスです。

	就労移行支援	就労継続支援A型	就労継続支援B型
主たる目的	就労に必要な知識やスキルの習得・訓練	就労の機会の提供	生産活動の機会の提供
対象者	企業等への就労を希望する者	企業等への就労に結び付かなかった者等	企業等への就労が不安または困難な者等
雇用契約	なし	あり	なし
年齢制限	原則65歳未満65歳以上も可	原則65歳未満65歳以上も可	年齢制限なし
平均月収	基本的に工賃はなし	H30年度平均76,887円（時給846円）	H30年度平均16,118円（時給214円）
利用年限	標準利用期間2年間最大1年間延長可能	制限なし	制限なし
事業所数利用者数	3,471か所:H29年度33,179人:H29年度	3,776か所:H29年度70,684人:H29年度	11,041か所:H29年度258,357人:H29年度
一般就労への移行率	26.4%(8,906人):H29年度	4.7%(3,233人):H29年度	1.1%(2,706人):H29年度

なぜ，最終章になって，いきなりこんな進路先の話をするのかというと，第1章第1項で取り上げた「日本人の余暇の過ごし方」を補足する必要があったからです。あの表は国土交通白書2018をもとに作成しましたが，実はこの白書には続きがあります。

余暇を楽しむために足りないもの

余暇に使えるお金（三大都市圏70.2％，人口５万人未満市町村73.0％）

余暇に使える自由な時間　　　（同37.8％，同36.1％）

近場で楽しめる場所　　　　　（同11.1％，同13.3％）

特に足りないものはない　　　（同12.1％，同 8.6％）

共通の価値観を持つ友人・集まり（同10.8％，同 9.2％）

趣味や嗜好にあった商品　　　（同 7.4％，同 6.8％）

余暇施設へのアクセス手段　　（同 2.6％，同 6.9％）

『国土交通白書2018』より

　お金や時間がないために楽しめないというのは，口実や言い訳にしか過ぎない気がします。これまでも述べてきたとおり，お金や時間をかけなくても楽しむことは十分可能です。新型コロナウイルス感染症拡大さなかに強行された「Go To トラベル」は余暇の活用を推進するキャンペーンではなく，旅行・観光業界の救済策でした。この余暇に関する国民意識調査も，厚生労働省ではなく国土交通省であるというのも意味深長です。

　ただ，この国土交通白書の注目すべき視点は，「自分の時間」を自由に使うことだけではなく，地域活動・ボランティア活動等の社会貢献活動に参加することにより，生きがいを感じることも広い意味で「楽しみ」と捉える，としたところです。例えば，余暇の時間を使って社会貢献活動に参加することは人生の楽しみにつながるか，という質問に対し，20歳代の59.4％，70歳代の64.2％が「そう思う」「どちらかといえばそう思う」と回答していることを挙げています。ちなみに働き盛りの40歳代でも過半数の50.9％がそう回答していることにある意味，驚きを禁じ得ません。

それでは実際にどんな社会貢献活動をしているのでしょうか。

実際の社会貢献活動状況

特にない	（20歳代51.2%，70歳代27.8%）
ごみ拾い，緑化，除草など環境保全・美化	（同25.5%，同40.5%）
お祭り，運動会，バザー，子ども会など地域交流	（同27.8%，同42.6%）
廃品回収などのリサイクル活動	（同10.1%，同28.0%）
避難訓練などの防災活動	（同14.3%，同24.9%）
通学路などにおける交通安全活動	（同 4.2%，同10.8%）
子どもの見守り・声かけなどの子育て支援	（同 5.7%，同10.7%）
夜間の見回りなどの防犯・防火活動	（同 3.9%，同12.5%）
安否確認・介護などの高齢者・障害者の見守り支援	（同 3.8%，同 7.9%）
街頭や地域での募金・寄付活動	（同 5.5%，同 7.4%）
郷土文化・伝統芸能など文化継承活動	（同 2.7%，同 4.4%）
観光ボランティアなどの観光・交流支援活動	（同 2.2%，同 2.4%）

『国土交通白書2018』より

　さらに白書では，社会貢献活動をするのに不足しているものは何かという問いかけに対し，40歳代は社会参加のための時間，20歳代は社会参加のための自己資金と情報，70歳代は社会参加を促すための教育が他の年代に比べて多いですが，どの年代でも気軽に参加できるコミュニティ（集まり）を挙げる人が多かったのです。つまり，何らかの形で「つながり」を得られた人は，社会貢献活動を余暇の一つとして楽しめますが，そうでない人は，思っているだけで実際には何もできていない実態が明らかになっています。

　このことは障害児・者にとっても大きな課題です。これまで障害児・者は，社会から，金銭的や人的にサポートされるだけの対象としてしか考えられてきませんでした。そのため，社会のお荷物だの，社会的負担がかかるだのと揶揄したり蔑視したりする人々が少なからずいます。津久井やまゆり園のあの痛ましい事件は，まさにその延長線上で発生しました。

もちろん，私がこのライフキャリア教育のシリーズで再三，障害児・者の存在そのものが，すべての人々にとって優しい社会づくりに貢献していることを明らかにしてきました。家に引きこもらず街に出た勇気ある障害者たちが，バリアフリーという形で街を変えてきました。そしてエレベーターやホームドアが整備されると，それは障害者専用ではなく，高齢者や酔っ払いにとってなくてはならないものになっていきます。尊い障害者の生命や苦労が，私たちの社会や，思い込みという常識を変えてくれているのです。

　でも，そうはいっても，人は実際に目に見える形で活動していなければわかってもらえません。そのためにも，障害児・者であっても立派に社会貢献活動ができるということを具体的に示さないと，なかなか障害児・者への理解や，共に生きる社会づくりが進捗しません。今やどの地域社会でも，やり手不足，なり手不足です。前ページに挙げたような社会貢献活動を障害者は免除されているのではなく，むしろこうしたことが彼らなりにできれば，地域社会の一員として一目置いてもらえるのではないでしょうか。奇異の目で見られ続ける一生ではなく，親亡き後も住み慣れた地域社会で堂々と生きることができるように支援していくのが，私たちの責務だと思います。

　2019年11月，大阪市内の市営住宅で独り暮らしをしていた36歳の男性が，自治会の班長を断る際に，「おかねのけいさんはできません」などと障害の内容について詳しく書かされ，それを他の住民にも見せると役員に告げられた翌日に自殺しました。私は退職後4年間，約950世帯の町内会の役員をしましたが，裁判で訴えられた役員とは根本的に考え方が違います。それは障害者だから班長を外すというのではなく，障害があってもできるように班長の仕事を簡易にしたり，サポートする役員をつけたりするという努力や工夫をまず考えるという点です。私がしていた町内会役員（推薦立候補制，定員30人，任期2年）の中には，認知症，精神障害，シングルマザーの人もいました。さらに班長（輪番制，70人，任期1年）に至ってはそれこそいろいろ

な人がいました。できる範囲で無理しないで，お互い様の精神でやることを
モットーにしているので，特にカミングアウトして断るといった人もいませ
ん。事実，任期途中で病気を発症されたり，ご家族の介護が急に必要になっ
たりした役員もいましたが，すぐに役を降りて交代してもらうというのでは
なく，みんなで業務を見直したり分担したりして乗り切りました。盆踊りな
どの際は，準備する日ごとにイベントサポーターを缶ビール１本で募集して，
役員や班長だけに負担がかからないようにしました。また町内にあるグルー
プホームの利用者の方も，会場の清掃や竹飾りなど自分たちができることを
探して参加してくれました。

　かつての私の勤務校と，登下校の見守りサービスをしてくれるNPO法人
との出会いの話もしておきましょう。練習を続けてやっと自力通学ができる
ようになったからといって，駅や通学路でのアクシデントがないともいえず，
これが保護者や学校にとって不安の種としていつまでも残ります。当時は教
員を通学路に配置していましたが，勤務時間や打ち合わせ時間との関係で難
しくなってきました。そのような時にNPO法人が，東日本大震災で避難し
てきた方々への緊急雇用対策事業として，障害児の登下校の見守りサービス
を市から請け負われたとのことでした。生徒に対して直接登下校指導をする
というのではなく，駅頭や通学路に何気なく立っていていただき，そこで何
か不都合な事態を見つけたらすぐに学校に連絡をするというサービスです。
数か月もすると職員の方々も生徒たちの顔を覚え，いつもの時間に通らない
などと気にかけてくれるようになったり，生徒の方からも近寄って挨拶をす
るようになりました。そして１年過ぎた頃，ある卒業生が後輩たちの役に立
ちたいと「この仕事やってみたい」と言ってきました。企業への就職はちょ
っと難しいけれど，就労継続支援Ｂ型でははみ出してしまうだろうなと思え
る卒業生でした。障害者が他の障害児・者のために働くという進路選択があ
っていいということに気づかされた出来事でした。

また，こんな卒業生もいました。数回企業等で現場実習をしましたが，どこもうまくいきません。ネックになっているのがおしゃべりです。それもちょっとマニアックな話題ばかりです。結局卒業後は，就職率を誇る某大手就労移行支援事業所に通いましたが，訓練しても就労は難しいと宣告され数か月で自主退所に追い込まれました。確かに企業という枠にははまりにくいかもしれませんが，就労継続支援Ｂ型での単調な仕事も向かないだろうなと思える卒業生です。ネックといわれるおしゃべりですが，実際に話し相手になってみると，一方的ではなく，相手が食いつきそうな話題を模索しながら小出しで話していることに気づきました。釣りの話，戦争の話などは，もし相手が高齢者だったら，一日中話し相手になれそうです。実際に，大好きな釣り道具チェーン店では店内にいるお客とずっと魚の話をしています。お客も魚好きですから，話しかけられて嫌なことはありません。もちろん，接客販売とか在庫整理といった仕事が集中してできれば，こうした店への就職も考えられなくはないのですが，それがこの卒業生には難しいのです。

　「絵や音楽がいくら好きでも，それでは飯が食っていかれない」と昔からよくいわれます。フリーターといわれる人々の中には，漫画家や歌手デビューなどを夢見て，そうした自分時間を確保するために，あえて定職に就かないという選択をした人がいます。もちろんいつか夢を実現できればいいですが，それはほんの一部の人に限られます。そうした意味では「なりわい」と「いきがい」を分けて考えることは人間性を失わない知恵かもしれませんが，その中間，仕事の中に夢を持ち込むとか，夢に近づく仕事をするということも考えられます。最近「ワーケーション」という言葉が流行っています。「ワーク（労働）」と「バケーション（休暇）」を組み合わせた造語ですが，こういう働き方もありという社会常識が生まれてきたことが，こうした企業就労と就労継続支援Ｂ型のはざまにいる障害者にとっては朗報です。休暇であれば当然しそうな楽しいこと，苦にならないことで，もし報酬が得られたとしたら，こんな楽しい人生はないと思います。

おしゃべりをしながら仕事をする，音楽を聴きながら作業をするといったことを，まず学校の作業学習ではやりません。それらが作業に集中するための阻害要因だという理由からです。しかしおしゃべりをしたり，音楽を聴いたりして作業する方が，かえってはかどるといった人も決して少なくありません。そういう人たちにおしゃべりや音楽を禁止しても，生産性の向上は期待できません。蛇足になりますが，醸造中のお酒や，栽培中の果実に音楽を聞かせるという一見無意味で無駄そうなことをして，成果を上げている企業もあります。それらがストレスの軽減や解消につながるのは，音楽を聴きながら受験勉強をした経験のある人ならわかると思います。

　こうして見てくると，楽しみながら仕事をするとか，楽しいことが仕事になる，人の役に立つことが楽しい，楽しんですることで人の役に立つ，といったワーケーション（仕事＆余暇）があってもよいのではないかと思えてきます。それが冒頭に述べた「就労継続支援Ｃ型」という新しいタイプの生き方（働き方＆楽しみ方）なのです。

　「就労継続支援Ｃ型」と名付けたのは岩上洋一さん（一般社団法人全国地域で暮らそうネットワーク代表理事）で，Ｃにはコミュニティという意味があるそうです。法律的定義がないので，就労が難しい人でも地域とつながることで社会貢献（役立つこと）ができるとか，障害者と地域社会との橋渡しとか，地域との交流や活動に特化したボランティア団体に近いもの，などと説明する人もいますが，私は，地域社会を，単なる暮らす場，楽しむ場にとどまらせず，そこを働く場（仕事場，日中の居場所）にもすることで，職住さらに職遊一体型の，今流行のリモートワーク（テレワーク）型の，生きがいの場にしてしまおうという取り組みであると捉えています。

　地域社会を実際に支えているのは70歳代を中心とした高齢者です。この方々の役に立つようなことが障害者にできたら，障害者は立派な地域の担い

手になれます。特に介護保険法が改正されて，要支援１と２の高齢者を介護施設ではなく，それぞれの地域で支援しないとならなくなりました。例えば，介護予防のための体操教室やヨガ教室，認知症予防に向けた脳トレ教室，料理教室，喫茶サロン，囲碁将棋教室といったものを定期的に提供したり，安否確認や見守り活動をしたりすることが地域コミュニティに求められています。これは民生委員，町内会，自治会にとっては大きな負担で，NPO やボランティア組織に委託しているところも少なくありません。そこで，もしこの事業に障害者が担い手として関わっていけたら，障害者は面倒を見られ続ける存在から，社会的弱者の面倒を見ることができる存在として，世間の見方や風向きが180°変わるはずです。「就労継続支援Ｃ型」というのは，まさにその先鋒に立てる可能性を多分に秘めた新規事業で，高齢者と障害者がコラボして地域貢献するところは最大の魅力だと思います。

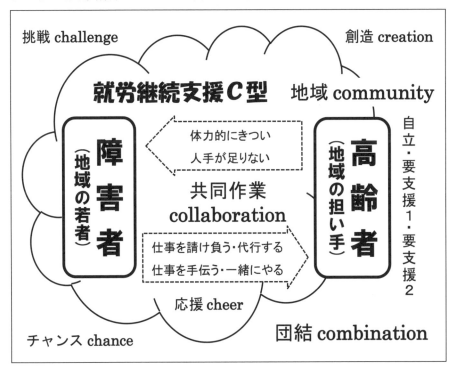

3 「違い」を楽しもう
> ➤ 自分の人生の主人公は自分自身

　企業における定年延長や再雇用の動きが進んでいますが，まだまだシニアに対して，「扱いにくい」「体力的に心配」「パソコンは苦手」といった，シニアをひとくくりにした思い込みがあります。でも75歳でも60歳代にしか見えない人もいますし，パソコンに詳しい人もいます。つまりシニアといっても「人それぞれ」ですし，「みんな違っていい」はずなのです。このことは「障害者」を語る時に，最も基本的な考え方になります。

　この本の読者の皆さんは，障害といっても種類も程度も様々で，「知的障害児のAさん」ではなく，Aさんの属性の一つとして知的障害があるにすぎないということを知っています。しかし世の中の多くの人々は，知的障害とか自閉症といった言葉を耳や目にした途端，自分たちとは違う人たち，かわいそうな人たちなどとひとくくりにしてしまい，その子の「個性」を見ようとしなくなります。つまりそこには，「人それぞれ」「みんな違っていい」という思いが存在しないのです。同じアスペルガーと診断されても，個々人の能力や適性は十人十色なのに，そういう色眼鏡で見られてしまうのです。

　それに障害は，個人因子だけではなく環境因子次第で，いかようにも変わる可能性のあるものです。それは遺伝的に全く同じ一卵性双生児が，別々の家庭で育てられたら，全く違う人格になり，全く別の人生を歩むということと同じです。先天性であれ後天性であれ，個人因子としての障害は，医学の進歩でもない限り，時間がかかってもいずれ受容せざるを得ません。しかし，同様の障害を負った人であっても，環境因子によって，育つ人格も，辿る人生も，全く違ってきます。その環境因子（特に教育，福祉，医療，雇用）を自分の意思で選択できれば，自分の人生を創造できますが，その選択や決定は，本人以外の人の手に委ねられているのが現状です。

私が進路担当をしていた時，特に重度重複の生徒の進路選択に関しては，保護者や担任の意思だけで決めないでほしいと再三言ってきました。それは「この子にはここしかない」「他に選びようがない」「本人に聞いたってわからないし」と意思代行決定をしようとするケースがほとんどだったからです。本人に進路先を選ばせる努力や工夫（意思決定支援）を周りが十分した上でのことであれば，それも仕方ないということになりますが，はじめからそう決めつけている節があります。

　そこで私は本人たちに，あえて複数の現場実習を経験してもらい，それぞれの実習先での本人の「居心地度」「リラックス度」を，付き添い教員と，普段接しない私とで観察しました。すると，実習先での様々な音や光や匂い，職員や利用者の声，そうしたものすべてが醸し出す実習先の雰囲気の違いを，彼らはしっかり感じ取っていました。生活介護事業所や重度障害者施設では，内容や方針ではなく，雰囲気が大事な進路決定要素です。それも建物が新しいから，広いからといった保護者がそそられるようなものとは違うことも少なくありません。実際に進路先に毎日通い，１日を過ごすのは本人たちです。でも，そうして本人が選び取った進路先であっても，そのうち行きたがらなくなることもあるかもしれません。そうした時に，「だから最初からあっちにしておけばよかったんだ」と保護者や担任が文句を言うのではなく，「この子にも転職したいって気持ちがあるんだ」と成長を率直に評価してあげるのが，周りの人々の務めではないでしょうか。

　「たった一人の自分を，たった一度の人生を，本当に生かすことができなかったら，人間として生きた甲斐がないじゃないか」といった内容の言葉をある文豪が名作の中で語っています。生命と同じように，人生もまた一人に一つずつです。波乱万丈，紆余曲折があっても，それがその人のたった１回きりの人生です。二つとして同じものはなく，夫婦，親子，きょうだいであっても，みな違い，それだからこそ大切なのです。

これまで長々と余暇の話をしてきましたので，余暇とは「自由な時間」「自分の時間」だということはわかられたかと思います。でも，忘れてはならないのが，余暇は「大切な家族や人と過ごす時間」でもあるということです。なにも家庭サービスや家族旅行をしろというのではありません。家族団らんと昔からいわれるように，同じ場で一緒の空気を吸うだけでいいのです。新型コロナウイルス感染症の蔓延で，帰省もままならない時代になってしまいました。しかしこれに感染して重症化すると，家族とも面会ができず，万一の時は顔も拝めず永遠のお別れをしなくてはならなくなります。あの時無理してでも帰省していればと悔いても後の祭りです。「仕事が忙しい」「帰省費用もばかにならない」などと言うのは口実です。時間（余暇）を作って，それも自分のためだけに使うのではなく，家族のために使うということはとても大切な考え方です。子どもの入学式，運動会など，その時期にしか見られないものを見に行く時間に充てるといった家族のライフイベントが，後になって自分の人生を振り返ってみた時，自分にとっての「貴重な思い出」＝「楽しみ」になっていたということがよくわかります。

　考えてみれば，「余暇」とは１日や１週間の中に確保するだけではなく，長い人生全体の中においても，折に触れてしっかりと存在しなくてはならないものです。学校時代の夏休み，受験勉強や就活が終わった一時期，仕事の合間にこそこそと恋人とメールをしている時間，結婚式までの忙しいけど浮き浮きした時間，子育てに一区切りついてほっとする時間といったものから，転職に有利な資格を取るために猛勉強した期間というものまであります。さらに，体調を崩して入院したり自宅療養をしている期間，左遷されて閑職に回された期間，リストラに遭って失業している期間，家族の介護にあたらねばならない期間など，働けなくなったことでやってきた「余暇」もあります。天を恨みたくもなりますが，それを天から与えられた「心の休息」と捉えれば，天命・運命を素直に受け止めることができるかもしれません。そして，そうしたことを経験せずに老後を迎えた人より，きっと残りの人生を大切に

できるようになります。人生はお金には変えられません。心がどれだけ広く豊かになったかで，その人の人生の価値が決まるのだと思います。

　2019年11月，京都市で ALS（筋萎縮性側索硬化症）の女性が医師に安楽死を依頼して死に至りました。最近唾液が飲み込めず，1日中むせて咳き込んでいる。すごく辛い。早く楽になりたい。なぜこんなに辛い思いをしてまで生きていないといけないのか，私にはわからない。といった内容を，眼球の動きで文字入力ができる装置でブログに投稿していました。日本では安楽死を認める法律はありませんが，過去に，医師が殺人罪，嘱託殺人罪，自殺ほう助罪に問われた裁判において，判決の中で安楽死として認められる4要件が示され，これが司法判断の基準になっています。それは次のとおりです。

> ①耐え難い肉体的苦痛があること
> ②死が避けられず，死期が迫っていること
> ③肉体的苦痛を除去・緩和する他の方法がないこと
> ④患者の明らかな意思表示があること

でも今回のケースは，本人の病状や治療経過を知る主治医の行為ではない，死期が迫っていなかった，実行した医師と金銭取引があったといった点が，過去の事例と大きく異なっています。

　確かに本人でないとわからない肉体的精神的苦痛はあるでしょう。ひょっとしたら，医療ケアを受けている重度障害児も同じようなブログを書くかもしれません。安楽死や尊厳死を，本人の意思ということで容認する人も増えてきていますが，本人の意思なら自死も同じ論理になります。ところが自死の多くは，本当に死を望んでいたわけではないことがわかっています。「死にたかった」ではなく「生きづらかった」のです。だから「死の権利」を認める云々の前に，「生きる権利」を行使しようとしたり，生きづらさを解消する工夫や努力を本人や周りが本気でしたかが，問われなければなりません。

スティーヴン・ホーキング博士がALSであったことは有名です。また，参議院議員の舩後靖彦さんもALSで，先程の女性と同じく40歳代で発症しています。舩後さんが当選した2019年7月の政見放送で，党の代表は「死にたくなる社会から，生きていたい社会に」と呼びかけています。人生の中で何か「もう少し生きていたいな」といったこと（多くは「楽しさ」と関係あること）があれば，人は死を選びません。「死んだ方がましだ」と考えるのは，生きていることや将来に対して，楽しみや意義を見出せなくなったからでしょう。障害のICFの定義と同じように，死を考える個人因子に対し，家庭や職場といった物的，家族や友人といった人的な環境因子の絡み方次第で，人の生死は分かれてしまいます。生きていたいと思える環境に置かれたり，生きていたいと思える人たちに囲まれたりしていたら，その状態を「楽しい」というのではないでしょうか。

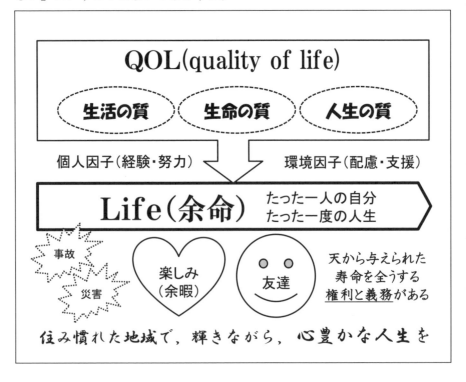

ちなみに安楽死や尊厳死が将来的に法律的に認められると，自死も合法化しないと論理的齟齬が起きてしまいます。よく長寿の家系とか，癌になりやすい家系というように，人はそれぞれ，生まれた時に遺伝子レベルで余命が定められています。その天から与えられた余命を全うできるように努力する営みが「人生」であり，その過程が「キャリア発達」なのです。事故や災害に遭わないように努力することも，せっかく授かった生命を謳歌することも，誰かのために尽くすことも，それぞれのキャリア発達につながっていきます。

　私たちは基本的人権を有し，どんな場合であっても「生きる権利」を主張したり行使したりすることができます。「生きたい」「生きていたい」と願えば，どのような状態であれ，生きていていいのです。そのための法体系であり，医療体制であり，セーフティーネットなのです。先程の女性はブログの中で「指1本動かせない自分がみじめでたまらない」と綴っていました。もし「指1本動かせないけど，生きてちゃいけませんか」と綴れるような出来事や人物などとの出会いがあれば，余命を全うするという天への義務が果たせたかもしれません。一度失ったら取り返しがつかないのが生命です。

　どのように重症な重度障害児であっても，この世に生まれ出てきたことだけでも人生の役割の一つを果たしています。なぜなら，自然の摂理であれ，人為的であれ，この世に生まれ出られなかった生命がある中で，圧倒的な生命力を持って誕生したからです。生命力の強さ，周りへの影響力は，きょうだいの比ではないでしょう。つまり圧倒的な存在感を，生まれながらに持っているのです。だからこそ，天から与えられた余命を全うさせてあげなければなりません。それもただ長生きさせればいいというのではなく，この世に生まれたことを十分エンジョイできるように，QOL（quality of life）の向上などに周りが努める必要があります。QOLとは「生活の質」だけではなく，「人生の質」であり，さらに「生命の質」でもあります。つまり生活や人生を充実させることは，生命そのものの質を高めることになるのです。

人は誰でも，この世に生まれてきた以上，誰もが幸せになる権利を持っています。しかし様々なしがらみや，立ちはだかる壁に阻まれて，思うような人生を送れないのが普通です。幸福感というのは考えようで，今日も無事でいられたという程度で満足できる人から，100万円を手にしてももっと儲けられたのにと満足できない人もいます。人はどうしても他人と比べてしまい，それによって不幸を感じたり羨んだりしがちです。でも，自分は自分と割り切れたり，生きているだけで幸せと思えたりすると，それだけで人生が楽しくなってくるものです。「アファメーション」という言葉があります。単なる神頼みではなく，自分はその願いをかなえてもらえるだけの価値がある人間だという確信を持って願い事をする，そんな意味です。特に特別支援学校の児童生徒には「私には幸せになる権利がある。だから楽しい人生を送っていいんだ」と自己肯定感をしっかり持てるように，教師がしっかり支援していくことが大事なのだと思います。

　ここで，余暇と「特別の教科　道徳」との関わりについて考えます。第2章を読まれて気づかれた方もおられると思いますが，そこではあえて道徳には触れませんでした。それは，勤勉・勤労，節度・節制といった道徳的価値と道徳的実践が強調されると，「余暇」や「楽しみ」を抑制しかねないからです。ご存じのとおり，道徳内容の一覧表には，「先生を敬愛し，学校の人々に親しんで，学級や学校の生活を<u>楽しく</u>すること（小学校第1学年及び第2学年）」と，「先生や学校の人々を敬愛し，みんなで協力し合って<u>楽しい</u>学級や学校をつくること（小学校第3学年及び第4学年）」の2か所に「楽しむ」という文言が使われていますが，ここで用いられている意味は，余暇，自由時間，自分の時間といったものとはかけ離れています。なぜなら，小学校第5学年及び第6学年になると「みんなで協力し合ってよりよい学級や学校をつくる」というように発展してしまうからです。一番近い意味の「友達と仲よく」「自由を大切に」という文言でさえも，楽しむこととは結び付けてはいません。

道徳は，生き方教育です。だから各道徳項目は，いかに生きるべきか，どう生きたらいいのか，を探求するための道しるべのようなものです。となると，一番それに近いのは，「よりよく生きようとする人間の強さや気高さを理解し，人間として生きる喜びを感じること（小学校第5学年及び第6学年）」という項目でしょう。「人間として生きる」には憲法25条「すべて国民は，健康で文化的な最低限度の生活を営む権利を有する」が，「生きる喜びを感じる」には憲法13条「すべて国民は，個人として尊重される。生命，自由及び幸福追求に対する国民の権利については，公共の福祉に反しない限り，立法その他の国政の上で，最大の尊重を必要とする」が基盤となります。

　「文化的な生活」とは，働いて，食べて，寝るだけの生活ではありません。「幸福追求」とは，幸せだなぁ，楽しいなぁと感じられるようなことを実行することです。それには心身ともに「健康」であること，時間的及び内容的

に「自由」であることが保障されなければ実現しません。そして何よりそのことが「個人として尊重」されないと意味がありません。

このように，特別の教科　道徳においては，「楽しむこと」を道徳的価値とはしていませんが，人間として生きる喜びを感じるためには，「楽しい」という気持ちが生まれないと，道徳的実践に至らないと思います。それは，働く中であっても，誰かのために役立とうとしている中であっても，何かを目的とした集団活動の中であっても，充実した時間が過ごせた時に，人は「ああ，楽しかった」「幸せな時間が過ごせたなぁ」と思えるのではないでしょうか。それが自己肯定感であり，自己有用感と呼ばれるものです。そうした経験の積み重ねが自己実現への長い人生の旅を歩む原動力となっていきますが，その過程が「キャリア発達」で，身体的発達，認知的発達が止まっても，一生涯続くものになります。

ここからは，「自分の人生の主人公は自分自身である」ということを再確認しながら，この本のテーマをまとめていきたいと思います。

キャリア教育の導入は，人生というものを考える大きなきっかけになりました。しかし当時の文部科学省が人生＝職業生活と矮小化して捉えてしまったことから，それが世の中の常識になってしまい，マスコミではまるでキャリア教育＝就活のように使われています。確かに学生生活というライフステージが終われば，次は職業生活ということになりますが，学生生活だって勉強だけをしていたわけではありません。部活動，男女交際，海外旅行等々，それら全体が学生生活だったはずです。となれば，職業生活も就職して給料を得ることだけではないはずです。働くことは，暮らすこと，そして楽しむこととセットになってこそ職業生活が充実するのです。そして職業生活が終わると長い老後生活が始まります。でも，ここに至っても楽しんでばかりではいられません。誰かの役に立つことをする，健康を保って地域で暮らせる

ようにするといったことがセットなのです。つまり「楽しむ」ことだけを考えていればいいといったステージは死ぬまでないのです。

　もちろん，メリハリをつける，優先順位をつけるということは大切です。「働く時は働き，休む時はしっかり休む」という新しい勤労観は，これからますます大事になってきます。ところが最近は「ワーケーション」という，休みながら仕事もするという，さらに新しい勤労観が登場してきました。今後リモートワーク（テレワーク）が主流になってくると，通勤はしない，オフィスもない，転勤もない，上司同僚とも直接会わないといった職業生活になり，暮らし方，楽しみ方もこれまでとずいぶん違ってくるでしょう。

　このように，「余暇」や「楽しむ」ことへの世の中の考え方（常識）はかなりの勢いで変化してきています。そのような中で，自分の人生を考える時，楽しみや楽しむことを，どれだけ主体的に選び取れるかがキーポイントになります。その力こそが意思決定能力です。もちろん何でも自力でしなくてはとか，独断ですればいいといった個人因子レベルのことではありません。助けてもらうだけでなく相談することも大事な環境因子への働きかけです。それが「余暇支援」であり「意思決定支援」です。自分の人生の主人公はあくまで自分自身ですが，障害児・者に限らず，「情報を提供してもらう」「相談をする」「アドバイスを受ける」といった支援を他者に求めることで，より自分らしい人生にすることができます。

　障害児・者の場合，本人たちの人生なのに，あたかも保護者や担任が主役を演じ，本人たちが脇役やエキストラになっているケースが少なくありません。最近「人生会議（ACP：アドバンス・ケア・プランニング）」という言葉が使われ始めました。厚生労働省は人生の最終段階に受けたい医療やケアについて事前に支援者たちと話し合う場としていますが，障害児・者の場合は学校時代の個別支援計画のように，卒業後も定期的に現状と将来について

話し合う「人生（充実）会議」として積極的に開催すべきだと思います。その中で，世の中の役に立てることは何か，親亡き後や災害時にどんな暮らし方をするか，これからどんな楽しいことに挑もうかなどを，本人を主人公にして，本人を取り巻く関係者がロールプレイをすることです。意思表示や意思伝達が難しい本人であっても，複数の人が本人になり代わってロールプレイすることで，本人の気持ちの一端が見えてきたり，提示する選択肢が明らかになってきたりします。

　人生というのは有限の時間です。当然のことながら，生まれた瞬間から余命のカウントダウンが始まります。そして「余暇」もまた有限の時間です。そう考えてくると「余暇」と「余命」は，何か似た感じがしてきませんか。どちらも「時間を潰す」という消極的な使い方ではなく，せっかく得た貴重な「時間を活用する」という積極的な使い方をしないと，後で悔いが残ります。余暇の使い方を工夫することは，生命の使い方つまり人生の歩み方を決めることに通じます。本当の意味での「楽しみ」は，最期に「楽しい人生だった」「人生十分楽しんだ」という気持ちになれることなのかもしれません。

　定年後に，あれもしたい，これもやりたいと，いくら時間があっても足りないくらいの人もいれば，何をしたらいいんだろう，思いつかないという人もいます。同じ教員人生を歩んできて65歳になっても，それこそ「人それぞれ」です。生涯現役と70歳を過ぎても非常勤で頑張ろうという人もいます。移住して農業に勤しもうという人もいます。民生委員や交通安全指導員になって地域のために尽くそうという人もいます。田舎に帰って年老いた両親と暮らそうという人もいます。作業学習で培った技術を活かして陶芸家になろうという人もいます。骨董屋になって全国を車で旅しようという人もいます。孫育ての経験から学童保育でボランティアをしようという人もいます。地域のシニア楽団や劇団に入って老人ホームを慰問しようという人もいます。動物愛護協会に入ってペットの里親探しをしようという人もいます。二度と来

ない一度きりの自分の人生，最終ステージくらい自由に楽しみたい，それはそれで結構です。でも最終ステージまでお預けですか。

　今から1000年ほど前の中国・北宋に范仲淹という政治家がいました。彼が著した「岳陽楼記」という本の中に「先憂後楽」という言葉が出てきます。後楽園の後楽です。「常に民に先立って国のことを心配し，民が楽しんだ後に自分が楽しむ」という為政者としての心得でしたが，「先に苦労すれば，後で楽ができる」というような意味で使われるようになり，さらに「やれる時に頑張って仕事をして，楽しみは後にとっておこう」といった意味にもとられるようになりました。働き者の日本人らしいアレンジです。でもそれは違います。頑張って仕事をしている最中だからこそ，何か「楽しみ」を持たねばならないのです。楽しむことは悪ではありません。むしろ人生を構成する中核です。それをおろそかにして働くことは，自分の人生において自分を端役に追い込むだけです。生涯主人公で居続けるために，現役時代における心身の休息と充実した楽しみこそを，ぜひ大事にしてください。家庭を第1の居場所，職場を第2の居場所とするなら，ありのままの自分が出せる第3の居場所（サードプレイス）を見つけたり，つくったりすることが，人生そのものを楽しむことになるのだと思います。

　余暇・自由時間を，そして人生を「楽しむ」には，それを意識する，つまり意思決定能力が備わっているかどうかがキーポイントです。はっきりいって，仕事人間・会社人間にはそれが欠けています。もっといえば，健康のこと，家族のことを気遣う将来設計能力も欠如していますし，これだけワーク・ライフ・バランスといわれているのにそれに耳を貸さなかったり，企業風土や文化が変化しているのに気づけなかったりするのは情報活用能力がないのでしょう。そして，こうした人々は社会から孤立していくでしょう。みんなとやっていく人間関係形成能力が築けないからです。つまり，これまで推進されてきた（ワーク）キャリア教育がまるで役に立っていないわけです。

とはいっても，仕事大好き人間がいなくなることはないでしょう。でも，いくら仕事命であっても，それを同僚や部下に決して押し付けたり，そうなれない同僚や部下を非難したりしてはいけません。なぜなら，「それぞれの人生を楽しむ」楽しみ方はみんな違っているということであり，それでいいからです。つまり楽しみ方には「ふつう」とか「スタンダード」という概念は存在しないのです。これがとても大事なポイントです。健常者だから障害者だから楽しみ方が違うではなく，誰だって，楽しいと思えば，思いっきり楽しめばいいし，やってみて楽しくなければ，無理にやり続ける必要はありません。さらに，多くの人が楽しめるものを楽しめないから変だといわれる筋合いはちっともありませんし，反対に「何でこんなことが楽しいの」と言われても，本人が楽しければやめる必要は全くないのです。オタク文化，サブカルチャーといわれるものは，そうした人々が築いた楽しみ方です。

　人は生まれながらにしてみんな違うという，こんなに当たり前のことが，知能指数だの偏差値だのによって，標準とか平均とか普通という概念がつくられ，それからはずれたものを区別・差別・排除してきた歴史があります。いじめなどの問題も「違い」というものをきっかけに始まり，それに巻き込まれないようにするには同質化という自衛手段に走ります。つまりみんな同じものを「楽しい」と言わないとならず，そこからはみ出さないことだけに気を使うようになります。流行に乗るというのはまさにその典型です。流行に乗れないのは，自分流というものを持っているからかもしれません。また流行というものに対して冷静な目を持っているかもしれません。みんながタピオカを注文しなければならない理由なんて存在しないのです。

　「違い」つまり多様性を認めるというダイバーシティは，21世紀の最も大切な世界観です。それは障害者とかLGBTとか少数民族といったマイノリティの問題に限らず，職業（働く），生活様式（暮らす），趣味（楽しむ）といった分野での多様性も当然含まれてくるものです。職業に貴賤なしといわ

れるように，趣味にだって優劣などはなく，お互いに，お互いの趣味嗜好を
認め合い尊重し合わないといけないのです。たとえ趣味仲間が集まっても，
少しずつ違うのは当然ですし，むしろ，同じでないからこそ，お互いに学ぶ
べきことがあり，切磋琢磨し合いながら「趣味力」を高めることができるの
だと思います。つまり，お互いの違いを認めると同時に，お互いの「違いを
楽しむ」余裕が求められます。「働く」世界でも，異業種間の交流とか，コ
ラボレーションといわれるように，違いが大きければ大きいほど得られるも
のも大きくなるのと似ています。

　パラスポーツや障害者アートなど，今や障害者の側から健常者に発信する
楽しみ方も増えてきました。もちろん一緒になって楽しんでくれるのがベス
トですが，パラスポーツや障害者アート・演劇・音楽などに対して，純粋に
「違い」を楽しんでくれる人々がいることも事実で，それを否定や非難すべ
きではないと思います。どんな気持ちで観戦，鑑賞してくれたかは，それこ
そ個人の内面の問題なので立ち入れません。とにもかくにも，健常者が余
暇・自由時間を観戦や鑑賞に充てて楽しんでくれたわけですし，創作したり
試合をしたり演じたりした側の障害者たちも，自分たちが楽しんだだけでな
く，「他人を楽しませた」という自己有用感を得られたことが何より素晴ら
しいのではないでしょうか。つまり，違いをことさら埋めようとしたり，な
くそうとしたりするのではなく，むしろ「違い」というものをうまく活用す
ることで，「共に生きる」からもう一歩進んだ「共に活きる（win-win の関
係)」という新しい世界観が構築できるのではないかと思うのですが，いか
がでしょうか。

【参考文献】

・国土交通省『国土交通白書 2018』2018　政府刊行物

・宮田広善『子育てを支える療育』2001　ぶどう社

・梅津八三『重複障害児と相互輔生　行動体制と信号系活動』1997　東京大学出版会

・松下幸之助『松下幸之助 夢を育てる』2001　日本経済新聞出版

・村上和雄，宮島賢也『どうせ生きるなら「バカ」がいい』2015　水王舎

・齋藤孝『55歳からの時間管理術』2019　NHK 出版

・川北義則『遊びの品格』2011　中経出版

・南野忠晴『シアワセなお金の使い方』2015　岩波書店

・暉峻淑子『社会人の生き方』2012　岩波書店

・吉川潮，島敏光『爺の暇つぶし』2016　ワニブックス

・一川誠『大人の時間はなぜ短いのか』2008　集英社

・中島義道『働くことがイヤな人のための本』2004　新潮社

・志水彰ほか『人はなぜ笑うのか　笑いの精神生理学』1994　講談社

・小室淑恵『結果を出して定時に帰る時間術』2008　成美堂出版

・蛭子能収『ひとりぼっちを笑うな』2014　角川書店

・鎌田實『1％の力』2016　河出書房新社

・齋藤茂太『「あなたと会うと元気になる」といわれる人の共通点』2007　ぶんか社

・茂木健一郎『感動する脳』2009　PHP 研究所

・日野原重明『生きるのが楽しくなる15の習慣』2005　講談社

・江坂彰『定年の迎え方』2008　PHP 研究所

・森博嗣『孤独の価値』2014　幻冬舎

・朱野帰子『わたし，定時で帰ります。』2019　新潮社

・渡辺一史原案，橋本裕志脚本『こんな夜更けにバナナかよ　愛しき実話』2018　文藝春秋

おわりに

　「余暇支援」も「意思決定支援」もずっと温めていたテーマでしたが，果たして1冊分の内容があるのか，読んでいただける価値があるものなのか悩み続けて，なかなか執筆に取り掛かれないままでいました。折しも，新型コロナウイルス感染症の世界的流行で，突然，休校や外出自粛の事態になり，そうした中で卒業していった生徒たちは，それぞれの進路先でいきなり自宅待機になるなど，初っ端から想定外の状況に直面しました。また，県をまたいでの移動制限がされたり，緊急事態宣言解除後も「新しい生活様式」ということがいわれたりして，余暇そのものの考え方を見直さなければならない事態になりました。特に飲食店内等での会話自粛，娯楽施設等でのソーシャルディスタンスなどは，人間関係形成・社会形成能力の根幹に関わる課題として，突き付けられました。私事ですが，予定されていた講演会や授業研究会が軒並みキャンセルになり収入の道は断たれましたが，反対に休校になった小3の孫を日中預かったことで，今まで目にしたこともなかったZoomやロイロノートなどオンライン授業というものを日々体験できました。また知人が運営する放課後等デイサービスに助っ人で行く機会も得るなど，コロナ禍の中，不謹慎ですが，現役時代にはなかった新鮮な気持ちを味わい，私なりに人生を楽しんだここ数か月でした。

　そういう意味からすると，このテーマを温めてきたことが逆に幸いしたような気がしました。もし1〜2年前に発刊していたら，それこそ時代に合わない，陳腐な内容になっていたでしょう。でも，その不安が払拭されたわけではありません。なぜなら，この先の経済，雇用情勢がどうなるのか，たとえ新型コロナウイルス感染症が撲滅されても，また次の脅威が現れるのでは

ないか，全く予想がつかないからです。でもそれを恐れていたら，いつまでたっても形になりません。ということで，2020年９月時点における社会情勢をもとに，思い切って書き上げたのが本書です。

　古代ギリシャのアリストテレスが「ヒトは笑う動物である」といったことを言っているように，私たちは楽しいと自然に笑みがこぼれます。赤ちゃんの笑顔はエンジェルスマイルといわれ，何の不安も悩みもないその微笑は，周囲の大人たちを幸せな気分にさせてくれます。知り合いから会釈をされた時，言葉を交わさなくても，にこっと笑い返すだけで，お互いに幸福感が満ちてきます。マスクをしていても，目が笑っているということがわかります。またヒトは絶望感の中にあっても，嫌なことを笑って吹き飛ばそうとしたりします。このように，笑いが先か，楽しさが先かは別にして，両者は表裏一体のような感じがします。笑いと病気，寿命などの関連性を探った研究がたくさんあるように，人生を楽しく生きるためには，笑いは不可欠なものといえるでしょう。それも一人で笑うより，複数の人と一緒になって笑う方が，幸福度が上がります。「笑いヨガ」というものがあります。ワッハッハー，イッヒッヒー，ウッフッフー，エッヘッヘー，オッホッホーと，腹の底から笑う，全身を使って笑うのです。最初は人前では恥ずかしいと思っても，みんなでやっていると，他の人の笑い方を見ているだけで，心が軽くなり，とても楽しい気分になります。そうです。楽しむというのは，自分がすることばかりでなく，楽しがっている人を見るだけでも楽しめるのです。これは重度重複障害児の前で，先生方が本気で楽しんでいる場面を見せれば，自分でできることが少ない彼らの心を楽しませることができるかもしれないということです。これを tickling 刺激というそうです。心を「くすぐる」ことで，視床下部に作用して「快」の情動を活性化させ，気持ちいい，楽しいという気分にさせることができるというわけです。

　児童生徒に「楽しみ」を教えるには，まず先生方自身が「楽しみ」をたく

さん知っていなければなりません。よく長期休みが終わった直後のホームルームなどで、「休み中、どこか行った？」「何か楽しいことあった？」などと児童生徒に問いかける場面があると思います。ある学校で、サブの中年の先生がまず「はい」と手を挙げて、「先生はね、初めてスケボーに挑戦したんだよ。最初は怖くてすぐに落ちちゃったけど、そのうち1，2，3と数えられるくらい乗れるようになってね、そうしたらとっても楽しくなって、もうやめられなくなっちゃったよ」などと、ジェスチャーたっぷりで、実に楽しそうに話しました。生徒たちは目をキラキラさせたり、体を乗り出したりして聞いていました。こうした先生のクラスの子は、きっと「余暇とは」なんていう堅苦しい話を聞かなくても、「楽しいことをすること」「大いに楽しむこと」ということが、頭でなく、心で理解できたはずです。

　私は講演会や授業研究会で全国各地に行きます。コーヒーブレイクの折によく管理職や係の先生方から尋ねられるのが「ご趣味は」という問いです。本文でも履歴書について触れたところに書きましたように、講師、助言者などという表向きの顔とは違う、裏の顔や素顔を知りたい気持ちはよくわかります。でも、聞かれる側にとっては、回答次第で、自分という人間が薄っぺらくなるか、親近感を持ってもらえるか、深刻な問題です。「読書」とか「映画鑑賞」などという無難な答えをすれば、「お好きな作家は」とか「最近はどんな映画を観られましたか」と、まるで採用面接を受けているようなシチュエーションになっていくのは目に見えています。隠すまでもなく、現役時代、私は仕事人間でした。目の前の案件を処理していくだけでもあっぷあっぷだったにもかかわらず、自分から新しい企画を提案したり、他人がやりそうもない業務にあえて手を付けたり、自分で自分の仕事を増やしていました。本文でも述べたように、仕事そのものを楽しんでいたのです。ですから、趣味と呼べるようなものはなく、もし当時同じ質問をされていたら、「無芸大食」「仕事が生きがいです」などと茶化していたことでしょう。

そんな私が50歳を過ぎてから始めたのが短歌という趣味です。その頃，定年後の生活を考える研修があり，何か趣味を持たないといけないと思いました。私は元々書くことが好きなのですが，小説などはとても書く暇がありません。でも短歌なら31文字だからちょっとした時間に作れると，なぜかその時突然ひらめき，通勤時間などに五七五七七と指を折りながら作り始めました。面識はありませんが，当時，勤務校からそう遠くない神奈川県立橋本高校で国語科教師をしていた俵万智さんの影響が少なからずあると思います。初めて詠んだ短歌を同僚にそっと見せたら，筋がいいとおだてられ，その後すっかりはまってしまいました。そして卒業文集やPTA広報などの依頼が来ると必ず一首を添えるようになりました。ここまで書くと（質問に答えると），きっと「どんな歌を？」とくるのは，当然の流れです。私の人間性を知っていただくためにも，恥ずかしながら，数首を記します。こんなのでいいんだと，もし短歌の世界に興味を持たれた方がおられたら嬉しいです。

　　よき響きバルサミコスのスが酢だと知りたる時にはサラダ友達
　　検査着をまとえば部長も平もなく採尿コップ持ちて並びぬ
　　なにごともなかったような顔をしてホテル出てくる黄色いワーゲン
　　ビル裏で友とくゆらす一服は人目はばかる逢瀬のごとし
　　幕間に電源入れてスマホする非日常性に浸れぬ友は
　　さよならの四文字並べてピッと押しing を過去形にする
　　異動記事ルーペでたどれば呼び慣れし旧姓のままの君に出逢えり

　お粗末様でした。

　以上長々と，余暇と意思決定について綴ってまいりました。このような，レアなテーマの企画に対し，執筆を強く後押しくださり，適切なアドバイスのもと，出版の労をとってくださった佐藤智恵さんをはじめ明治図書の方々には深く感謝いたします。

最後になりましたが，平成30〜31年度及び令和元年度に御縁のあった学校や関係団体の皆様のお名前を記させていただきます。授業研究や質疑の中で多くのことを学ばせていただき，本当にありがとうございました。

北海道立鷹栖養護学校
北海道立拓北養護学校（石狩ネット肢体不自由部門）
千葉県立習志野特別支援学校，千葉県立松戸特別支援学校
千葉県立つくし特別支援学校，千葉県立飯高特別支援学校
千葉県立柏特別支援学校，千葉県立大網白里特別支援学校
千葉県立湖北特別支援学校
埼玉県立草加かがやき特別支援学校
神奈川県立高津養護学校，神奈川県立岩戸養護学校
神奈川県立武山養護学校，神奈川県立金沢養護学校
神奈川県立鎌倉養護学校，神奈川県立座間養護学校
神奈川県立平塚養護学校，神奈川県立藤沢養護学校
横浜市立若葉台特別支援学校
大和市教育委員会
綾瀬市教育委員会
長野県立長野県安曇養護学校
神戸市教育委員会
日本学校心理士会長野支部
神奈川県自立活動研究協議会
神奈川県知的障害教育研究会
関東甲越地区肢体不自由教育研究協議会
生蘭高等専修学校父母の会
神奈川LD等発達障害児・者親の会　にじの会
かながわ教職員組合連合

【著者紹介】

渡邉　昭宏（わたなべ　あきひろ）

1955年東京生まれ。都立石神井高等学校，中央大学商学部卒業後，神奈川県立平塚盲学校，県立伊勢原養護学校，横浜国立大学附属養護学校，川崎市立田島養護学校，県立武山養護学校，県立みどり養護学校教頭を経て県立金沢養護学校副校長。2013年3月後進に道を譲り退職。

35年間特別支援教育に携わり，うち10年間進路専任に従事。

第61回読売教育賞において特別支援教育部門最優秀賞。

現在，神奈川県立藤沢養護学校 学校運営協議会委員。

神奈川県横須賀市在住。

日本リハビリテーション連携科学学会会員。

連絡先は，watanabe.aci@jcom.home.ne.jp

〈著書〉『みんなのライフキャリア教育』2013 明治図書

『教科の授業 de ライフキャリア教育』2014 明治図書

『自立活動の授業 de ライフキャリア教育』2015 明治図書

『保護者の願いに応える！ ライフキャリア教育』2017 明治図書

『「特別の教科 道徳」とライフキャリア教育』2018 明治図書

特別支援学校＆学級で学ぶ！

余暇支援・意思決定支援×ライフキャリア教育

人生を思いっきり楽しむ力をつけるために

2021年4月初版第1刷刊 ©著 者	渡 邉 昭 宏	
発行者	藤 原 光 政	
発行所	明治図書出版株式会社	

http://www.meijitosho.co.jp

（企画）佐藤智恵 （校正）武藤亜子

〒114-0023　東京都北区滝野川7-46-1

振替00160-5-151318　電話03(5907)6703

ご注文窓口　電話03(5907)6668

＊検印省略　　　　　　組版所 株 式 会 社 カ シ ヨ

Printed in Japan　　　　ISBN978-4-18-358616-2

もれなくクーポンがもらえる！読者アンケートはこちらから →